Markusine Guthjahr

# Kräuterschätze
zum Kochen und Kurieren

Landbuch

**Impressum**

Guthjahr, Markusine:

Kräuterschätze zum Kochen und Kurieren – 5. Auflage –

Brunsbek: Cadmos Verlag GmbH, 2008


© Cadmos Verlag GmbH, Brunsbek

Im Dorfe 11

D-22946 Brunsbek

Tel.:  04107 8517-0

Fax:  04107 8517-12

info@cadmos.de

www.cadmos.de

**Hinweis:**

Alle in diesem Buch enthaltenen Angaben, Daten, Ergebnisse etc. wurden von den Verfassern nach bestem Wissen erstellt und von ihnen und dem Verlag mit größtmöglicher Sorgfalt überprüft. Eine Verantwortung und Haftung für etwaige inhaltliche Unrichtigkeiten kann jedoch nicht übernommen werden. Der Haftungsausschluss gilt nicht, soweit nach dem Produkthaftungsgesetz für Personen- und Sachschäden gehaftet wird. Jeder Leser muss beim Umgang mit den genannten Stoffen, Materialien, Geräten usw. Vorsicht walten lassen, Gebrauchsanweisungen und Herstellerhinweise beachten sowie den Zugang für Unbefugte verhindern.

Lektor: Erhard Brütt, Landbuch Verlag Hannover

Titelbild: Roland Krieg

detaillierte Bildquellen auf Seite 189

Titelgestaltung: Nadine Hoenow

Layout: DRAG 'N DROP – Büro für visuelle Kommunikation

Druck: Westermann Druck GmbH, Zwickau


Printed in Germany


ISBN 978-3-86127-886-3

# Vorwort

## Liebe Leserinnen und Leser,

Seit vielen Jahren leite ich Kräuterseminare sowie Kräuter-Erlebnisveranstaltungen und immer wieder habe ich erlebt, wie sich Menschen jeden Alters für diese Thematik begeistern lassen. Ich hoffe, dies gelingt mir mit diesem Buch auch bei Ihnen. Denn als Autorin ist es mein größter Wunsch, möglichst viele Leserinnen und Leser an die vergessenen Kräuterschätze heranzuführen und sie zum kreativen Umgang mit den schmackhaften Pflanzen aus unserer nächsten Umgebung anzuregen.

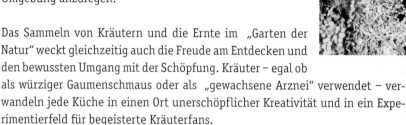

Das Sammeln von Kräutern und die Ernte im „Garten der Natur" weckt gleichzeitig auch die Freude am Entdecken und den bewussten Umgang mit der Schöpfung. Kräuter – egal ob als würziger Gaumenschmaus oder als „gewachsene Arznei" verwendet – verwandeln jede Küche in einen Ort unerschöpflicher Kreativität und in ein Experimentierfeld für begeisterte Kräuterfans.

In diesem Buch stelle ich ausschließlich solche Wild- und Küchenkräuter näher vor, die noch heute an vielen Standorten anzutreffen bzw. problemlos von jedem angepflanzt werden können.

Die Rezepte habe ich vor allem danach ausgewählt, ob ihre Zubereitung im Alltag praktikabel ist. Alle Rezepte sind einfach im Aufbau, sie können weitgehend ohne lange Zutatenliste und mit einem relativ geringen Zeit- und Kostenaufwand realisiert werden. Selbstverständlich habe ich bei den einzelnen Speisen besonderen Wert auf den Geschmack und die optische Wirkung gelegt. Im Mittelpunkt aller aufgeführten Rezepte stehen die Pflanzen mit ihren ernährungsphysiologischen und gesundheitlichen Bedeutungen.

Entdecken Sie mit mir die traditionelle Kunst des Würzens neu. Seien Sie kreativ und kreieren Sie eigene Kräutermenüs. Das vorliegende Buch enthält viele Ideen und Impulse. Probieren Sie es einfach einmal aus!

*Markusine Guthjahr, Königstein (Bayern)*

# Inhaltsverzeichnis

## Wildkräuter – Fitmacher aus Wald und Wiese

**Allgemeine Tipps zum Umgang mit Wildkräutern** . . . . . . . . . . . . . . . . . . **6**

Bärlauch . . . . . . . . . . . . . . . . . . . . . . 8
Brennnessel . . . . . . . . . . . . . . . . . . 14
Gänseblümchen . . . . . . . . . . . . . . . . 20
Giersch oder Geißfuß . . . . . . . . . . . 24
Knoblauchsrauke . . . . . . . . . . . . . . 28
Löwenzahn . . . . . . . . . . . . . . . . . . . 29
Sauerampfer . . . . . . . . . . . . . . . . . . 34
Vogelmiere . . . . . . . . . . . . . . . . . . . 37

**Köstlichkeiten aus verschiedenen Wildkräutern** . . . . . . . . **40**

## Küchenkräuter – Würz- und Heilpflanzen

Küchenkräuter haben Würz- und Heilkraft . . . . . . . . . . . . . . . 44
Richtig Würzen mit Kräutern . . . . . . . . . 44
Wirkung auf die Organe . . . . . . . . . . . . . 45

## Würz- und Heilpflanzen
aus Bauerngärten neu entdecken

Basilikum . . . . . . . . . . . . . . . . . . . . 48
Beifuß . . . . . . . . . . . . . . . . . . . . . . . 53
Bergbohnenkraut . . . . . . . . . . . . . . 56
Borretsch . . . . . . . . . . . . . . . . . . . . 58
Dill . . . . . . . . . . . . . . . . . . . . . . . . . 62
Estragon . . . . . . . . . . . . . . . . . . . . . 66
Kerbel . . . . . . . . . . . . . . . . . . . . . . . 70
Kümmel . . . . . . . . . . . . . . . . . . . . . . 74
Knoblauch . . . . . . . . . . . . . . . . . . . 78
Kresse . . . . . . . . . . . . . . . . . . . . . . . 82
Liebstöckel . . . . . . . . . . . . . . . . . . . 86
Majoran . . . . . . . . . . . . . . . . . . . . . 89
Meerrettich . . . . . . . . . . . . . . . . . . . 96
Melisse . . . . . . . . . . . . . . . . . . . . . 100

Petersilie . . . . . . . . . . . . . . . . . . . . 104
Pfefferminze . . . . . . . . . . . . . . . . . 108
Pimpinelle . . . . . . . . . . . . . . . . . . . 112
Rosmarin . . . . . . . . . . . . . . . . . . . . 116
Salbei . . . . . . . . . . . . . . . . . . . . . . 122
Schnittlauch . . . . . . . . . . . . . . . . . 127
Süßdolde . . . . . . . . . . . . . . . . . . . . 130
Echter Thymian . . . . . . . . . . . . . . . 134
Zwiebel . . . . . . . . . . . . . . . . . . . . . 138

## Alte Heilpflanzen
der bäuerlichen Hausapotheke

Schwarzer Holunder . . . . . . . . . . . . . 144
Johanniskraut . . . . . . . . . . . . . . . . 151
Lavendel . . . . . . . . . . . . . . . . . . . . 156
Ringelblume . . . . . . . . . . . . . . . . . . 160

## Erntesegen vom Kräuterbeet

**Geschenke aus der Kräuterküche – Ernten, Konservieren und Vermarkten von Kräutern**

Kräuter trocknen . . . . . . . . . . . . . . . 164
Kräuter tiefgefrieren . . . . . . . . . . . . 165
Kräuteröl . . . . . . . . . . . . . . . . . . . . 166
Kräuter-Würzpaste . . . . . . . . . . . . . 168
Kräuteressig . . . . . . . . . . . . . . . . . . 169

## Kräuterschmankerl

**Zum Genießen, Verschenken und Vermarkten**

Frisch aus dem Ofen . . . . . . . . . . . . . 171
Gekräutert – mariniert – eingelegt . . . . . . . . . . . . 173
Kräuter-Liköre – hausgemacht . . . . . . 178
Duftsäckchen und Kräuterkissen . . . . 184

**Stichwortverzeichnis** . . . . . . . . . . . . **187**
**Bildnachweis** . . . . . . . . . . . . . . . . **189**

# Wildkräuter – Fitmacher aus Wald und Wiese

## Unterscheidung von Wildkräutern und Kulturkräutern

Während Kulturpflanzen auf Feldern oder in Gärten angebaut werden, meist unter Anwendung von Pflanzenschutzmitteln, Dünger und mechanischer Pflege, gedeihen Wildpflanzen in der freien Natur auf Brachland, an Wald- und Wegrändern, Hecken, Zäunen, Bachläufen, aber auch in naturbelassenen Hausgärten.

## Vorzüge von Wildkräutern

Es ist allgemein wenig bekannt, dass im Wildgemüse wesentlich mehr Mineralstoffe und Vitamine enthalten sind als im Kulturgemüse. Wildgemüse hat durchschnittlich viermal mehr Vitamin C, doppelt soviel Provitamin A (Karotin) und die zweifache Menge an Mineralstoffen. Darüber hinaus enthalten Wildkräuter ätherische Bitterstoffe und weitere wichtige Pflanzeninhaltsstoffe, die verdauungsfördernd und stoffwechselaktivierend wirken können.

Im zeitigen Frühjahr, wenn das erste zarte Grün sprießt, sollten wir auf die gesunden „Fitmacher" aus der Natur nicht verzichten, denn Wildkräuter sind ein Gaumenschmaus und bereichern unsere Ernährung mit wertvollen Vitaminen und Mineralstoffen. Nach einem langen Winter bringen frische Kräuter den Stoffwechsel wieder in Schwung und führen dem Körper wichtige Vitalstoffe zu.

Schon unsere Vorfahren kannten diese Wirkungsweisen, obwohl sie noch nicht so genau analysiert und begründet werden konnten. Großmutters Löwenzahnsalat und Brennnesselspinat sei hier erwähnt und die Tatsache, dass junge Küken mit fein gehackten rohen Brennnesseln und gekochtem Ei aufgezogen wurden.

Mit ein wenig Fachkenntnis und etwas Fantasie lassen sich aus Wildkräutern ungeahnte kulinarische Köstlichkeiten zaubern, z.B. delikate Gemüsegerichte und Suppen, diverse Rohkostvariationen, Pizzaspezialitäten oder Kräuter in Eierkuchenteig ausgebacken und mit selbst gemachtem Blütensirup garniert. Fängt man erst einmal an, ergeben sich immer neue schmackhafte Wildkräuter-Kreationen.

Für die Zubereitung wohlschmeckender, leckerer Gerichte eignen sich besonders gut junge Blätter von Brennnesseln, Giersch und Löwenzahn, aber auch Bärlauch, Vogelmiere und Gänseblümchen sind vielseitig verwendbar, um nur einige Beispiele aus der reichhaltigen Wildflora zu erwähnen. Die genannten Pflanzen wachsen fast überall und sind relativ leicht zu erkennen und für eine vielfältige Kost roh oder gegart geeignet. Sie bieten einen guten Einstieg in die Wildkräuterpraxis.

Der Umgang mit Wildpflanzen fördert nicht nur unsere Gesundheit, sondern schafft auch ein neues ökologisches Bewusstsein für die Bedeutung von Pflanzen und Natur.

## Die Mischung macht's

Anfangs mischt man kleine Mengen Wildkräuter am besten mit Kulturgemüse, z. B. Blattsalat, Gurken, Tomaten oder Weißkohl, dann gewöhnt sich der Gaumen allmählich an den neuen Geschmack.

## Allgemeine Tipps zum Umgang mit Wildkräutern:

### Das Sammeln von Wildkräutern

◆ Botanische Kenntnisse sind erforderlich, um ungenießbare oder sogar giftige Arten von essbaren Pflanzen unterscheiden zu können. Vor allem unter Doldenblütlern besteht die Gefahr der Verwechslung (z. B. Schierling). Das notwendige Wissen kann durch Kräuterseminare oder Flurbegehungen unter fachlicher Anleitung erworben werden. Ein detailliertes Pflanzen-Bestimmungsbuch mit guten fotografischen Abbildungen (im Buchhandel erhältlich) ist zum Kräutersammeln eine große Hilfe. Seltener vorkommende Wildpflanzen sollten zunächst unter fachkundiger Anleitung oder mit Hilfe eines präzisen Naturführers genau bestimmt werden, damit es zu keiner Verwechslung kommt!
◆ Der Standort der Kräuter ist entscheidend. Die Pflückstellen müssen hygienisch einwandfrei sein. Waldgebiete, in denen Füchse heimisch sind, wegen der Gefahr des Fuchsbandwurmes meiden. Auch Straßenränder und Müllplätze sind nicht geeignet, denn Kräuter nehmen Schadstoffe leicht auf, und der Bleigehalt kann bedenklich hoch sein!

Der eigene ungespritzte Garten ist der beste Sammelort, dort sollte zumindest eine Wildkräuterecke toleriert werden. Bei regelmäßigem Schnitt wachsen ständig frische zarte Wildkräuter nach.

◆ Kräuter sammelt man am besten vormittags, wenn der Tau abgetrocknet ist.
◆ Zum Sammeln benutzt man einen Korb, niemals jedoch verwendet man eine Plastiktüte, da die Pflanzen darin schwitzen.
◆ Beim Sammeln von Wildkräutern muss immer der Gedanke des Arten- und Naturschutzes an erster Stelle stehen, das bedeutet, dass
 - möglichst nur oberirdische Pflanzenteile gepflückt werden und keine Wurzeln ausgerissen werden sollten.

**6**

- die Pflanzen an einem Standort nicht vollständig geerntet werden, sondern auch noch einige belassen werden, damit sie weiterhin blühen und fruchten und dadurch die Art erhalten bleibt.
- die gesetzlich geschützten Pflanzen und solche der „Roten Liste" nicht gesammelt werden dürfen. Wer sich dem widersetzt, handelt unverantwortlich und macht sich zudem strafbar. Auskünfte über die geschützten Pflanzen erteilen die Naturschutzämter.
- Möglichst junge zarte Blätter zu Salaten und Gemüse verwenden.
- Die Kräuter müssen gut ausgelesen und so lange gründlich gespült werden, bis das Wasser klar ist.
- Wie bei allem Frischgemüse gilt auch bei geernteten Kräutern: möglichst bald verwenden!

## Kurzinfo

| | |
|---|---|
| **Herkunft:** | heimisches Wildkraut |
| **Standort:** | Schatten, Laubwald |
| **Familie:** | Liliengewächse |
| **Kultur:** | mehrjährig |
| **Blütezeit:** | Mai bis Juni |
| **Höhe:** | 20 bis 30 cm |
| **Ernte:** | frische Blätter: vor der Blüte von März bis Mai |
| **Verwendung:** | W = Würzpflanze H = Heilpflanze |

*Inhaltsstoffe:*
- *schwefelhaltige ätherische Öle:*
- *Allicin.*
- *Flavonoide*
- *Vitamin C*
- *Biokatalysatoren*

# Bärlauch (Allium ursinum)
## Wilder Knoblauch aus dem Wald

### Beschreibung:

Der Bärlauch, auch Waldknoblauch genannt, gedeiht am besten auf schattigem, feuchtem und humusreichem Laubwaldboden. Er gehört zur Familie der Liliengewächse, genauso wie der Knoblauch.

Die jungen zarten Blätter werden vor der Blüte in der Zeit vom März bis Mai gepflückt. Die Zwiebeln des Bärlauchs dürfen nicht ausgegraben werden, weil man sonst den natürlichen Standort der Pflanze gefährdet.

### Verwechslungsgefahr:

**!** Vorsicht beim Sammeln: Die Blätter vom Bärlauch sehen den Maiglöckchenblättern zum Verwechseln ähnlich, und häufig trifft man beide Pflanzen am gleichen Standort an!

**Wirkung:**

Die Pflanze hat eine antibiotische Wirkung und stärkt die körpereigenen Abwehrkräfte. In der Volksmedizin gilt Bärlauch als blutdrucksenkend und als Mittel gegen Arteriosklerose.

**Konservieren:**

Bärlauchblätter stehen nur wenige Wochen frisch zur Verfügung, und zum Einfrieren eignet sich Bärlauch auch nicht gut, da er dann matschig wird. Sehr gut aber kann man frischen Bärlauch in Form einer Würzpaste konservieren (siehe Rezept), dann steht er über mehrere Monate zur Verfügung!

# Bärlauch als Hausmittel:

### Frühjahrskur mit Bärlauch

Täglich 10 bis 12 frische Bärlauchblätter drei Wochen lang essen. Stärkt die körpereigenen Abwehrkräfte.

*Tipp: Beim Pflücken die Bärlauchblätter zerreiben und auf den typischen Knoblauchgeruch achten, dann kann es keine Verwechslung mit den giftigen Maiglöckchen geben!*

# Bärlauch-Auszug
## Altes Bergbauern-Rezept

**Zubereitung:**
1. Bärlauchblätter zerkleinern und in eine Weithalsflasche geben.
2. Mit Obstbrand übergießen.
3. 14 Tage in die Sonne stellen, dann abseihen.

**Zutaten:**
Bärlauchblätter
Obstbrand

**Anwendung:**
Täglich dreimal 12 Tropfen mit Wasser nehmen. Der Auszug kann in der „bärlauchfreien" Zeit angewendet werden.

# Bärlauch – Verwendung als Gewürz

Die frischen Bärlauchblätter sind eine Delikatesse, man verwendet sie zum Würzen von Salaten, Suppen, Gemüse, Wildkräuterpizza, Kräuterbutter, Quark und Brotaufstrich. Die einfachste Methode: Täglich einige Bärlauchblätter schneiden und aufs Butterbrot streuen.

# Bärlauch-Baguette

**Zutaten:**

1 Vollkorn-Baguette
125 bis 150 g Butter
1 Handvoll frische
    Bärlauchblätter
etwas Salz

**Zubereitung:**

① Das Vollkorn-Baguette der Länge nach durchschneiden.
② Eine Paste herstellen aus gerührter Butter fein gehackten Bärlauchblättern und einer Prise Salz.
③ Diese Bärlauchbutter auf die Hälften der Baguettes streichen.
④ Das Brot für 10 Min. in den heißen Backofen schieben und danach aufschneiden.

**Servieren:**

Das Baguette schmeckt gut zu Käsesuppe, Wein oder Bier.

**Variante:**
Steht kein Bärlauch zur Verfügung, kann auch fein gehackte Petersilie mit Knoblauch verwendet werden.

# Bärlauchsuppe mit Schmand

**Zutaten:**

2 Hände voll Bärlauch
1 Zwiebel
2 EL Butter
50 g Weizenvollkornmehl oder
    Dinkelmehl
1 l Gemüsebrühe
etwas Salz
etwas Pfeffer oder getrocknetes
    Basilikum
1/2 Becher Schmand (125 g)

**Zubereitung:**

① Die Bärlauchblätter in feine Streifen schneiden.
② Zwiebeln hacken.
③ Die Bärlauchstreifen und die Zwiebelwürfel in Butter andünsten.
④ Mehl langsam dazugeben und zu einer goldgelbe Schwitze verarbeiten.
⑤ Die Gemüsebrühe langsam angießen, umrühren und 10 Min. bei schwacher Hitze kochen lassen.
⑥ Mit Salz und frisch gemahlenem Pfeffer oder Basilikum abschmecken.
⑦ Nach Belieben mit Schmand garnieren.

### Die Sage vom Bärlauch

Der Name „Bärlauch" stammt ursprünglich
von „Bärenlauch".
Eine Sage berichtet: „Als im Mittelalter noch
Bären hausten, zogen sie
im Frühling zu den Bärlauchplätzen
und fraßen von den jungen Blättern.
So reinigten sie ihren Körper von Winter-
schlacken, kehrten frisch und munter zu den
Einständen zurück
und waren wieder fähig, leicht auf Bäume
zu klettern. Diese Entschlackungskur ist zur
Nachahmung zu empfehlen. Einige Kenner
nutzen sie noch heute."

»Bärlauch im Mai,
erspart das ganze
Jahr den Arzt
und die Arznei!«

altes Harzer Sprichwort

# Holzfäller-Suppe

**Zutaten:**
4 bis 5 Scheiben Graubrot
1 Handvoll Bärlauchblätter
1 l Gemüsebrühe
  (evtl. Suppenwürfel)
4 EL Öl
etwas Salz
etwas Pfeffer

**Zubereitung:**
① Die Brotscheiben in kleine Würfel schneiden.
② Die Bärlauchblätter waschen und in kleine Streifen schneiden.
③ Das Öl im Topf heiß machen, das Brot kurz anrösten und den Bärlauch dazu geben.
④ Kurz andünsten und dabei nicht das Umrühren vergessen!
⑤ Geröstetes Brot mit Bärlauch in Suppentassen füllen.
⑥ Die Gemüsebrühe zum Kochen bringen und ebenfalls in die Suppentassen über das Brot und den Bärlauch geben.
⑦ Die Brühe abschmecken.
⑧ Mit frischen Bärlauchblättern garnieren.

# Schafskäse-Brotaufstrich mit Bärlauch

**Zutaten:**
200 g Schafskäse
80 g Butter
20 g frischer Quendel
  (Feldthymian) oder
  $1/2$ TL getrockneter
  zerriebener Thymian
1 Zwiebel
5 bis 6 frische Bärlauchblätter
etwas Paprikapulver
etwas Pfeffer aus der Mühle

**Zubereitung:**
① Den Schafskäse raspeln.
② Die Zwiebel fein hacken, den Bärlauch schneiden und ggf. den getrockneten Thymian zerreiben.
③ Die Käseraspeln mit Butter und den zerkleinerten Kräutern und den Zwiebelwürfeln mischen.
④ Alles mit Paprika und Pfeffer abschmecken.

**Servieren:**
Diese Käsemasse ist ein herzhafter Brotaufstrich. Man reicht dazu kräftiges Schwarzbrot oder Fladenbrot.

**Variante:**
Statt Schafskäse kann auch Frischkäse verwendet werden.

# Bärlauch-Quarkauf-strich

**Zubereitung:**
1. Den Quark mit dem Schmand cremig rühren.
2. Die Bärlauchblätter gut waschen und fein hacken.
3. Anschließend den Bärlauch unter den Quark mischen.
4. Alles mit Salz und Pfeffer abschmecken.

**Servieren:**
Zu diesem herzhaften Aufstrich passt sehr gut Vollkorn-brot.

**Zutaten:**
250 g Magerquark
2 EL Schmand
1 Handvoll frische
   Bärlauchblätter
etwas Salz
etwas Pfeffer

# Bärlauch-Würzpaste

**Zubereitung:**
1. Bärlauchblätter unter fließendem Wasser gut abspülen, trocken tupfen und schneiden.
2. Die Blätter mit Olivenöl und Salz im Mixer pürieren.
3. Anschließend in ein kleines Schraubglas füllen.
4. Als wirksamer Schutz vor Verderben wird ca. 1 cm Oliven-öl auf die Würzpaste gegeben.
5. Das Glas mit der Paste kühl und dunkel aufbewahren.

**Servieren:**
Nach Bedarf verwenden.

**Haltbarkeit:**
Die Paste ist bei richtiger Zubereitung und Aufbewahrung mehrere Monate haltbar, und auch das Aroma bleibt sehr gut erhalten. Diese Methode der Bevorratung ist besser geeignet als Trocknen oder Einfrieren!

**Zutaten:**
100 g frische Bärlauchblätter
100 g Olivenöl oder
      Sonnenblumenöl
10 g Salz

**Tipp:** Wer die Würzpaste längere Zeit im Kühlschrank aufbewahren will, sollte anstelle des Olivenöls lieber Sonnenblumenöl verwenden, da dieses nicht eindickt.

**Herkunft:** heimisches Wildkraut
**Standort:** Sonne
Halbschatten
**Familie:** Brennnesselgewächse
**Kultur:** ausdauernd
**Blütezeit** Mai bis Juli
**Höhe:** 30 bis 90 cm
**Ernte:** frische Blätter: lfd.
Triebspitzen: lfd.
Samen: im Herbst
Wurzeln: im Frühjahr
und Herbst
**Verwendung:** W= Würzpflanze und Wild-
gemüse
H= Heilpflanze

*Inhaltsstoffe:*
*Hoher Gehalt an*
◆ *Vitaminen und*
◆ *Mineralstoffen, z. B.:*
*- Kieselsäure,*
*- Eisen*
*- Kalium*
*- Calcium*
*100 g frische Brennnesseln*
*enthalten u. a.*
*- 333 mg Vitamin C*
*- 7,8 mg Eisen*
*- 630 mg Calcium*

*Im Vergleich dazu befinden*
*sich in 100 g Kopfsalat nur*
*- 13 mg Vitamin C*
*- 1,1 mg Eisen*
*- 37 mg Calcium*

# Brennnessel (Urtica)
## Macht vital von Kopf bis Fuß

### Beschreibung:

Die Brennnessel wächst bevorzugt in der Nähe menschlicher Behausungen, im Garten, an Zäunen, Böschungen
und auf Schuttplätzen. Sie ist eine Zeigerpflanze für stick-
stoffhaltigen Boden.

Man unterscheidet zwei Arten der Brennnessel:

◆ Kleine Brennnessel – Urtica urens
◆ Große Brennnessel – Urtica doica

Die Brennnessel ist eine fast universal verwendbare Pflanze,
von der Wurzel bis zum Samen können alle Pflanzenteile
genutzt werden. Außerdem hat die Brennnessel eine ökologische Bedeutung und ist eine gute Futterpflanze für ein-
heimische Schmetterlinge.

Wenn Brennnesseln regelmäßig geschnitten werden treiben sie nach, so dass man den ganzen Sommer über junge Pflanzen in der Küche hat.

Brennnesseln lassen sich gut mit anderen Wildkräutern kombinieren, z. B. mit Giersch und Bärlauch.

## Wirkung:

Die Brennnessel wird zur Anregung des gesamten Körperstoffwechsels, insbesondere zur Unterstützung der Wasserausscheidung, verwendet. Sie ist Bestandteil von Teemischungen gegen Rheuma, Gicht, Gallen- und Leberbeschwerden. Seit Jahrhunderten wird sie zur Stärkung bei Schwäche, Erschöpfung und Anämie eingesetzt. Durch ihre stimulierende Wirkung auf die Ausscheidungsorgane entschlackt sie den Körper, hilft bei Harnverhalten und fördert die Harnsäureausscheidung. Dazu wird Tee aus Brennnesselblättern und -wurzeln verwendet. Dies sollte in Absprache mit dem Arzt erfolgen.

## Brennnessel als Hausmittel:

# Brennnessel-Tee

Zur Verbesserung der Wasserausscheidung.

### Zubereitung:
① Das Wasser zum Kochen bringen.
② Die Brennnesselblätter mit dem kochenden Wasser übergießen.
③ 5 Min. ziehen lassen.

### Zutaten:
1 bis 2 TL getrocknete Brennnesselblätter
1/4 l Wasser

### Anwendung:

Vier Wochen lang morgens und abends eine solche Tasse Tee trinken.

Wichtig: bei eingeschränkter Herz- und Nierentätigkeit den Arzt fragen!

# Brennnesselsamen-Wein
### nach Hildegard von Bingen

**Zutaten:**

25 g getrockneten
Brennnesselsamen
1 Fl. Weißwein (0,75 l)
3 EL Bienenhonig

**Zubereitung:**

① Den getrockneten Brennnesselsamen und den Honig in eine große Weithalsflasche füllen.
② Den Wein darüber gießen.
③ Diesen Ansatz 3 Wochen auf die warme Fensterbank stellen und täglich einmal schütteln.
④ Anschließend abseihen. Dies kann z. B. erfolgen, indem der Ansatz durch einen Kaffeefilter gegossen wird.

**Tipp zur Anwendung von Brennnesselsamen:**

In der Volksmedizin verwendet man auch den Brennnesselsamen. Er dient als Kräftigungsmittel besonders für ältere Menschen und soll alle Lebensvorgänge aktivieren sowie die körpereigene Abwehr steigern. Man kann ihn im Herbst selbst ernten oder in der Apotheke kaufen. Die einfachste Anwendung ist: täglich einen TL Brennnesselsamen aufs Butterbrot geben oder über den Salat streuen.
Es lässt sich daraus auch Tee zubereiten oder ein aromatischer Brennnessel-Wein. Selbst Brennnessel-Likör wird aus den Samen der Pflanze hergestellt (siehe Seite 178).

**Anwendung:**

Kurmäßig 3 Wochen lang täglich 1 Likörglas voll trinken.

**Tipp:** Um sich nicht an den Brennnesseln zu verbrennen: Brennnessel »entschärft« man, indem man sich Gummihandschuhe anzieht und die Blätter fest zusammendrückt, dadurch brechen die Spitzen der Brennhaare ab und die Blätter können nicht mehr brennen.

# Brennnessel – Verwendung als Gewürz und Wildgemüse

Aus jungen Brennnessel-Blättern und Triebspitzen kann man leckere Salate, Suppen, Gemüse à la Spinat und andere kulinarische Spezialitäten zubereiten.

## Brennnessel-Kartoffel-Suppe

**Zubereitung:**
① Die Zwiebeln in Würfel hacken.
② Die Zwiebelwürfel in Butter andünsten.
③ Die Kartoffeln würfeln und ebenfalls mitdünsten.
④ Mehl darüber stauben und mit der Gemüsebrühe aufgießen.
⑤ Wenn die Kartoffeln fast gar sind, werden die gehackten Brennnesseln darunter gerührt.
⑥ Alles 5 bis 10 Min. ziehen lassen.
⑦ Dann mit Salz und Majoran abschmecken und mit Sahne verfeinern.

**Variante:**
Wird eine sämige Suppe gewünscht, können die Kartoffelwürfel in der Suppe zerstampft werden.

**Zutaten:**
500 g Kartoffeln
1 Zwiebel
30 g Butter
1 EL Vollkornmehl
100 g frische Brennnesseln
1 1/4 l Gemüsebrühe
etwas Majoran
etwas Salz
3 EL Sahne

## Brennnessel-Giersch-Suppe

**Zubereitung:**
① Brennnesseln und Giersch waschen.
② Wasser in einem Topf zum Kochen bringen.
③ Die Brennnesseln und den Giersch in das kochende Wasser geben und aufwallen lassen.
④ Dann das Kochwasser abgießen, aber aufheben.
⑤ Die Kräuter kalt abbrausen, abtropfen lassen und dann klein hacken.
⑥ Die Zwiebeln und den Knoblauch würfeln und in Öl glasig dünsten.

**Zutaten:**
2 Hände voll Brennnesseln
2 Hände voll Gierschblätter
1 Zwiebel
1 Knoblauchzehe
3 EL Öl

*weitere Zutaten siehe nächste Seite*

**weitere Zutaten:**

1 EL Weizenvollkornmehl
1 l Wasser
1 Gemüsebrühwürfel
$1/8$ l Sahne
etwas Salz
etwas Muskat
2 Scheiben Brot zum Rösten

⑦ Mehl dazugeben, umrühren und mit dem Kochwasser aufgießen.

⑧ Anschließend den Brühwürfel und die gehackten Kräuter dazugeben.

⑨ Die Suppe 5 Min. ziehen lassen.

⑩ Nun die Sahne einrühren und abschmecken.

⑪ Das Brot würfeln und die Würfel anrösten.

**Servieren:**

Die Suppe in Suppentassen oder Suppenteller abfüllen und die heißen gerösteten Brotwürfel dekorativ darüberstreuen.

# Brennnessel-Giersch-Maultaschen
### Suppeneinlage

**Zutaten:**

*Nudelteig:*
250 g Weizenvollkornmehl
2 frische Eier
etwas Salz
2 bis 4 EL Wasser
1 frisches Eiweiß zum
    Bestreichen der
    Maultaschenränder

*Kräuterfüllung:*
2 Doppelhände voll junge
    Brennnesseln und Giersch
1 Zwiebel
2 EL Öl
evtl. 2 bis 3 EL Wasser

*weitere Zutaten
siehe nächste Seite*

**Zubereitung:**

*Nudelteig:*

① Aus den angegebenen Zutaten den Nudelteig herstellen.

② Mehl auf ein Brett sieben, Salz zugeben.

③ In das Mehl eine Grube drücken, in die das Wasser und die Eier vorsichtig hineingerührt werden. Das Brett muss trocken und sauber bleiben.

④ Nun den Teig kneten, bis er vollkommen glatt ist.

⑤ Anschließend den Teig in einer Schüssel zugedeckt ruhen lassen. Die Ruhezeit dazu nutzen, in der Zwischenzeit die Füllung vorzubereiten.

*Kräuterfüllung:*

① Gewaschene Brennnesseln und Giersch fein hacken.

② Zwiebeln in Würfel schneiden.

③ Das Öl im Topf erhitzen.

④ Die Zwiebeln und Brennnesseln ins Öl geben, umrühren und einige Minuten dünsten. Bei Bedarf 2 bis 3 EL Wasser dazugeben.

⑤ Alles mit dem Mehl bestäuben, umrühren und nochmals kurz dünsten lassen.

⑥ Mit Basilikum und Salz abschmecken und abkühlen lassen.

## Weiterverarbeitung:

① Den Nudelteig auf einem bemehlten Brett dünn auswellen.
② Dann mit einem Trinkglas (ca. 6 cm Durchmesser) runde Kreise ausstechen.
③ In die Mitte der Teigkreise jeweils einen Teelöffel Brennnessel-Gierschfüllung geben.
④ Die Ränder des Teiges mit Eiweiß bestreichen, zusammenklappen, andrücken und in kochende Suppenbrühe geben.
⑤ Darin müssen die Maultaschen ca. 5 Min. leicht kochen und weitere 10 Min. ziehen.
⑥ Vor dem Anrichten die Suppe mit geriebener Muskatnuss, Petersilie oder Schnittlauch abschmecken

## Variation:

Die Kräutermaultaschen können auch in einer Tomatensoße angerichtet werden.

**weitere Zutaten:**
1 TL Mehl
$1/2$ TL getrocknetes Basilikum
etwas Salz

*Suppe:*
2 l gut abgeschmeckte
   Gemüsebrühe
geriebene Muskatnuss
etwas Petersilie oder
   Schnittlauch

## Kurzinfo

| | |
|---|---|
| **Herkunft:** | heimische Wildpflanze |
| **Standort:** | Wiesen |
| | Gärten |
| | Grünflächen |
| **Familie:** | Korbblütler |
| **Höhe:** | 20 cm |
| **Ernte:** | Blüte: Frühjahr bis |
| | Herbst |
| | Blätter: |
| | Frühjahr bis Herbst |
| **Verwendung:** | W = Würzpflanze |
| | H = Heilpflanze |

*Inhaltsstoffe*
- *Saponine*
- *Gerbstoffe*
- *ätherische Öle*
- *Flavonoide*

# Gänseblümchen (Bellis perennis)
### Grünkraft fürs ganze Jahr

**Beschreibung:**

Das Gänseblümchen, auch „Tausendschön" genannt, ge-hört zur Familie der Korbblütler. Es liebt vor allem lehmige Böden. Wir finden es auf Wiesen, Wegen, in Gärten und Parks. Es blüht unermüdlich vom zeitigen Frühjahr bis zum späten Herbst.

Von Bedeutung ist, dass das Gänseblümchen fast ganz-jährig als frisches Kraut zur Verfügung steht, denn selbst im Winter, wenn kein Schnee liegt, können die grünen Blatt-rosetten gepflückt werden.

Für den Teevorrat sammelt man im Juni Blätter und Blüten zum Trocknen, weil dann die Wirkstoffkonzentration am höchsten ist.

**Wirkung:**

Die Volksmedizin verwendete die Heilpflanze als Tee bei Magen-Darmstörung, Durchfall und Husten und Bronchitis. Der Teeaufguss wurde auch für Umschläge bei schlecht hei-

lenden Wunden, Blutergüssen und zum Betupfen von Haut-
ausschlägen verwendet. Man legte sauber gewaschene zer-
quetschte Blätter auf die erkrankten Hautstellen auf.
Heute sind die frischen Gänseblümchen für die stoff-
wechselanregende Frühjahrskur in Verbindung mit anderen
Wildkräutern von gesundheitlicher Bedeutung.

## Gänseblümchen als Hausmittel:

# Gänseblümchentee

### Zubereitung:
① Das Wasser zum Kochen bringen.
② Die getrockneten Gänseblümchen mit dem kochenden
   Wasser überbrühen.
③ Alles 10 Min. ziehen lassen.

### Anwendung
Zwei- bis dreimal täglich eine Tasse davon trinken.

**Zutaten:**
2 TL getrocknete
   Gänseblümchen
1/4 l Wasser

# Gänseblümchen-Sirup

### Zubereitung:
① Einen kleinen Topf mit frischen Blüten und Blättern füllen, mit Wasser bedecken, einmal kurz aufkochen.
② 12 Stunden ziehen lassen.
③ Anschließend abseihen.
④ Die Flüssigkeit abmessen und die gleiche Menge Zucker
   dazu geben.
⑤ Alles langsam zu Sirup einkochen.

### Anwendung:
Täglich 2 bis 3 TL einnehmen. Der Sirup hat ähnliche Wirkung wie der Tee (Zuckergehalt beachten!).

**Zutaten:**
frische Gänseblümchen-Blüten
   und -Blätter
Wasser
Zucker

## Gänseblümchen – Verwendung als Gewürz

Hervorragend eignen sich die frischen Blätter, Blüten und Knospen für vielfältige Gerichte, z. B. Gemüse, Suppen, Salate, Eintöpfe, Quark, Kräuterbutter oder Kartoffelsalat. Die Knospen können als „falsche Kapern" in Essig eingelegt werden. Die Blüten sind dekorativer Blickfang auf belegten Broten, kalten Platten oder Salaten.
Der Geschmack von Gänseblümchen ist leicht herb bis nussartig und dem Feldsalat ähnlich. Man kann sie vielseitig mit anderen Wildkräutern kombinieren.

# Gänseblümchen –„Kapern"

**Zutaten:**
2 Hände voll frische
   Gänseblümchen-Knospen
$1/_2$ l Wasser
$1/_2$ l Obstessig oder
   Estragon-Essig
2 bis 3 EL Salz

**Zubereitung:**
① Die Blütenknospen waschen, abtropfen lassen und in ein Gefäß geben.
② Das Salz im Wasser auflösen und über die Blütenknospen gießen.
③ Alles 24 Stunden zugedeckt stehen lassen.
④ Dann die Knospen mit heißem Wasser abspülen, in ein Schraubglas füllen, den Essig dazu geben, 2 Wochen ziehen lassen.

**Variante:**
Nach Belieben können 1 bis 2 Schalotten oder Knoblauchzehen zwischen die Blütenknospen gelegt werden, das bereichert die geschmackliche Note.

**Tipp:** Knospen von Löwenzahn und Kapuzinerkresse können ähnlich eingelegt werden.

# Kräuteressig mit Gänseblümchen

**Zubereitung:**

① Kräuter und Gänseblümchenknospen verlesen, gut waschen und in einem Sieb abtropfen.
② Die Zwiebel schälen.
③ Alles in eine helle, weithalsige Flasche füllen.
④ Den Essig darüber gießen.
⑤ 14 Tage auf einer warmen Fensterbank stehen und ziehen lassen.
⑥ Anschließend die Pflanzenreste abseihen.
⑦ Nun ist der Kräuteressig gebrauchsfertig.

**Zutaten:**

1 Tasse Gänseblümchen-Knospen
1 Stängel Estragon,
1 Stängel Ysop
1 Stängel Thymian
1 kl. Zwiebel oder Schalotte
1 Flasche Essig (0,75 l)

# Gänseblümchen-Löwen-zahn-Salat

**Zubereitung:**

① Gänseblümchen- und Löwenzahnblätter verlesen, gut waschen und abtropfen lassen.
② Die Tomaten waschen und in Achtelstücke oder in Scheiben schneiden.
③ Die Zwiebel würfeln.
④ Eine Salatmarinade aus Olivenöl, Zitronensaft, Salz und Pfeffer herstellen.
⑤ Mit Gänseblümchen, Löwenzahn, Zwiebeln und Tomaten mischen.
⑥ Alles kurz durchziehen lassen.
⑦ Dann noch mal abschmecken.
⑧ Die Sonnenblumenkerne ohne (!) Fett in einer Pfanne anrösten (nicht bräunen).
⑨ Die gerösteten Kerne vor dem Anrichten über den Salat streuen.

**Tipp:** Anstelle von Sonnenblumenkernen kann auch durchwachsener Speck ausgebraten und über den Salat gestreut werden.

**Dekoration:**

Alles mit Gänseblümchenblüten garnieren.

**Zutaten:**

1 kl. Schüssel gemischt mit Gänseblümchenblätter und Löwenzahnblätter
500 g Tomaten
Saft einer Zitrone
1 Zwiebel
etwas Salz
etwas Pfeffer aus der Mühle
2 bis 3 EL Olivenöl
1 Tasse Sonnenblumenkerne
1 Handvoll Gänseblümchenblüten

## Kurzinfo

| | |
|---|---|
| **Herkunft:** | heimisches Kraut |
| **Standort:** | Schattige Stellen in Parks, Gärten, an Hecken und Zäunen, Böschungen und Bachufern |
| **Familie:** | Doldenblütler |
| **Kultur:** | mehrjährige, krautige Pflanze |
| **Blütezeit:** | Mai bis September |
| **Höhe:** | 60 bis 100 cm |
| **Ernte:** | frische Blätter: lfd. |
| **Verwendung:** | W = Würzpflanze und Wildgemüse |

## Inhaltsstoffe:

*Reich an:*

- ◆ *Vitaminen*
- ◆ *Mineralstoffen*

*100 g frische Gierschblätter enthalten*
- *über 200 mg Vitamin C*
- *684 mg Provitamin A (Carotin)*

# Giersch oder Geißfuß

(*Aegopodium podagraria*)
Kein »Teufelszeug«

## Beschreibung:

Der Giersch ist eine mehrjährige krautige Pflanze aus der Familie der Doldenblütler. Man trifft ihn oft an Hecken, Zäunen, Gebüschen, Waldrandlagen, aber auch in Gärten an. Hat sich der Giersch im Garten erst einmal angesiedelt, vermehrt er sich über seine unterirdischen Wurzelausläufer sehr stark und ist kaum mehr auszurotten. Darum ist der Giersch z. B. bei Hobbygärtnern und Landfrauen sehr unbeliebt. Wenn man ihn jedoch in einer Ecke des Gartens „zähmt", indem man ihn kurz hält, dann steht junger Giersch immer zur Verfügung. Während der ganzen Vegetationsperiode können dann immer die nachwachsenden zarten, jungen Blätter gepflückt werden.

## Wirkung:

Der Giersch hat im Volksmund viele Namen wie z.B. „Gicht-kraut" oder „Zipperleinskraut". Das weist schon auf seine Eigenschaften hin. In der Volksmedizin wird dem Giersch eine entschlackende, harntreibende Wirkung zugesprochen, er wird gegen Gicht und Rheuma eingesetzt.

Äußerlich können zerriebene Blätter auch bei Insekten-stichen aufgelegt werden.

Tipp: Alte Gierschblätter sind zu meiden, denn sie schmecken nicht mehr so gut.

## Giersch – Verwendung als Gewürz und Wildgemüse

Junge Gierschblätter haben einen feinen herben Geschmack, ähnlich wie Petersilie, und können zu wohlschmeckenden Gerichten verarbeitet werden, z.B. zu Wildkräutersalaten, Suppen, Aufläufen, Würzpasten, Wildkräuter-Pizzen oder aber zu Gemüse. Giersch harmoniert geschmacklich gut mit Brennnesseln. In vielen Landstrichen ist der Giersch ein wichtiger Bestandteil der „Gründonnerstagssuppe".

# Giersch-Brennnessel-Suppe

## Zubereitung:

1. Die Brennnesseln und den Giersch waschen.
2. Dann in einen Topf mit kochendem Wasser geben und auf-wallen lassen.
3. Das Kochwasser abgießen, aber nicht wegschütten.
4. Die Kräuter kalt abbrausen, abtropfen lassen und klein hacken.
5. Zwiebeln und Knoblauch würfeln, in Öl glasig dünsten und das Mehl dazugeben.
6. Alles umrühren und mit dem aufbewahrten Kochwasser aufgießen.
7. Gemüsebrühwürfel und gehackte Kräuter dazugeben.
8. Die Suppe 5 Min. ziehen lassen.
9. Anschließend Sahne hineinrühren und abschmecken.
10. Das Brot würfeln und anrösten.

## Zutaten:

2 Hände voll Brennnesseln
2 Hände voll Gierschblätter
ca. 1 l Wasser
1 Zwiebel
1 Knoblauchzehe
3 EL Öl
1 EL Weizenvollkornmehl
1 Gemüsebrühwürfel
$1/8$ l Sahne
etwas Salz
etwas Muskat
2 Scheiben Brot zum Rösten

## Servieren:

Die heiße Suppe in Tassen oder Teller und füllen und deko-rativ mit den gerösteten Brotwürfeln bestreuen.

# Giersch-Flädle-Suppe

**Zutaten:**

2 Hände voll Gierschblätter

125 g Vollkornmehl

etwas Salz

knapp 1/4 l Milch

1 bis 2 frische Eier

etwas Pflanzenfett
  zum Backen

1 l fertige Gemüsesuppenbrühe

etwas Schnittlauch

etwas Muskat

**Zubereitung:**

① Die Gierschblätter gründlich waschen und dabei dickere Stiele entfernen.

② Kochendes Wasser über die Blätter gießen (blanchieren).

③ Anschließend die Blätter sofort kalt abbrausen, abtropfen lassen und fein hacken.

④ Den Pfannkuchenteig aus Mehl, Eiern, Salz und Milch herstellen.

⑤ Die gehackten Gierschblätter in den Teig geben und mit ihm verrühren.

⑥ Dünne Pfannkuchen in wenig Fett goldgelb backen.

⑦ Diese dann abkühlen lassen.

⑧ Die abgekühlten Pfannkuchen in Streifen schneiden und in eine Suppenschüssel oder einen Teller geben.

⑨ Mit der abgeschmeckten kochenden Suppenbrühe übergießen.

⑩ Mit Schnittlauch und ein wenig Muskat bestreuen und sofort servieren.

**Tipp:** Statt Gierschblätter können auch Brennnesseln verwendet werden.

# Giersch-Tomaten

**Zutaten:**

4 große feste Tomaten

150 g junge Gierschblätter

1 frisches Ei

etwas Salz

etwas Pfeffer

1/2 TL getrockneter Oregano

**Zubereitung:**

① Von den Tomaten einen Deckel abschneiden und die Tomaten mit einem Löffel aushöhlen.

② Das entnommene Fruchtfleisch zerkleinern.

③ Die Gierschblätter waschen und 3 Min. in Salzwasser kochen.

④ Abschließend aus dem Wasser nehmen, abtropfen lassen, ausdrücken und fein hacken.

⑤ Den zerhackten Giersch mit Salz, Pfeffer und Oregano würzen.
⑥ Das Ei und das Tomatenfruchtfleisch darunter mischen.
⑦ Die Masse in die Tomaten füllen und mit dem Tomatendeckel verschließen.
⑧ Die gefüllten Tomaten in eine gebutterte Auflaufform setzen und ca. 20 bis 30 Min. im vorgeheizten Backofen garen.

**Beilagen:**
Reis, Kartoffelbrei oder Vollkorntoast mit Butter

# Giersch-Würzpaste
für Suppen und Eintöpfe

### Zubereitung:
① Die Kräuter abspülen, mit dem Geschirrtuch trockentupfen und klein schneiden.
② Die geschnittenen Kräuter mit Öl und Salz in den Mixer geben und fein pürieren.
③ Anschließend die Paste in ein kleines Schraubglas füllen, mit 1 cm Öl abdecken und gut verschließen, damit sie nicht verdirbt.
④ Das Glas ist kühl und dunkel zu lagern.
⑤ Bei Bedarf kann so die gebrauchsfertige Paste mit einem sauberen Teelöffel aus dem Glas entnommen und für Suppen und Eintöpfe verwendet werden. Gut verschlossen hält sich der Rest eine ganze Weile.

**Zutaten:**
80 g jungen Giersch
20 g frische Gartenkräuter, z. B. Maggikraut, Majoran, Thymian
100 g Sonnenblumenöl
10 g Salz

Tipp: Um immer etwas Gewürzpaste für alle Gelegenheiten zur Hand zu haben, kann gleich eine größere Menge hergestellt werden. Gut verschlossen hält sie mindestens 6 Monate.

## Kurzinfo

| | |
|---|---|
| **Herkunft:** | heimisches Wildkraut |
| **Standort:** | Waldränder |
| | Hecken |
| | Zäune |
| | Schuttplätze |
| **Familie:** | Kreuzblütler |
| **Kultur:** | mehrjährig |
| **Blütezeit:** | Mai |
| **Höhe:** | 80 bis 100 cm |
| **Ernte:** | frische Blätter: vor der Blüte |
| **Verwendung:** | W = Würzpflanze und Wild-gemüse |
| | H = Heilpflanze |

# Knoblauchsrauke (Alliaria officinalis)
## Frühlingsgrüner Kreuzblüter

### Beschreibung:

Die Knoblauchsrauke gehört zur Familie der Kreuzblütler, hat aber das würzige Aroma vom Knoblauch, daher heißt die Pflanze auch Lauchkraut. Die zarten Blätter können im Frühjahr genauso vielseitig verwendet werden wie Schnittlauch, z. B. für Salate, Quark oder als Brotbelag.

Nachteilig ist, dass die Knoblauchsrauke nur eine kurze Zeit im Jahr zur Verfügung steht, denn nach der Blüte im Mai ist sie fast den ganzen Sommer nicht mehr präsent. Darum wird ihr in diesem Buch nicht der Stellenwert eingeräumt, wie den anderen Wildkräutern.

## Kurzinfo

| | |
|---|---|
| **Herkunft:** | heimisches Wildkraut |
| **Standort:** | Wiesen |
| | Äcker |
| | Wege |
| | Gärten |
| **Familie:** | Korbblütler |
| **Kultur:** | mehrjähriges Kraut |
| **Blütezeit:** | April bis Mai |
| **Höhe:** | 30 cm |
| **Ernte:** | frische Blätter: im Frühjahr oder nach der Mahd |
| | Blüten: April bis Mai |
| | Wurzeln und Blattrosetten: Frühjahr oder Herbst zum Trocknen für Tee |
| **Verwendung:** | W = Würzpflanze und Wild-gemüse |
| | H = Heilpflanze |

# Löwenzahn (Taraxacum officinalis)
## Von der Wurzel bis zur Blüte nutzbar

## Beschreibung:

Der Löwenzahn gehört zu den Pionierpflanzen unter den Wildkräutern. Er holt mit seinen Pfahlwurzeln, die bis zu 30 cm lang sein können, die Nährstoffe aus den tieferen Schichten, reichert den Boden mit Wurzelsekreten an und macht „tote Böden" wieder urbar! Im Volksmund hat der Löwenzahn viele Namen, z. B. Butterblume, Pusteblume oder Ackerzichorie.

Als Heilpflanze und Wildgemüse verdient der Löwenzahn hohe Wertschätzung, denn seine Wurzel, Blätter und Blüten lassen sich für Heilzwecke und Delikatessen verwenden.

*Inhaltsstoffe:*
- *Bitterstoffe*
- *Gerbstoffe*
- *Flavonoide*
- *Inulin*
- *Vitamin C*
- *Provitamin A*
- *Mineralstoffe, insb. Kalium*

## Wirkung:

Als Heilpflanze regt der Löwenzahn vor allem die Nieren- und Lebertätigkeit an, fördert den Stoffwechsel und die Ausscheidung. Daher ist er besonders zur Entschlackung im Frühjahr und Herbst geeignet.

In der Volksmedizin wird Löwenzahntee oder Löwenzahnsaft zur unterstützenden Behandlung von Gicht, Rheuma, Ekzemen und anderen Hautkrankheiten genutzt.

## Löwenzahn als Hausmittel:

# Löwenzahn-Teekur

**Zutaten:**

1 bis 2 TL geschnittene Droge
etwas kaltes Wasser

**Zubereitung:**

① Für eine Teekur im Frühling oder Herbst wird vor allem die getrocknete Wurzel verwendet. Die geschnittene Droge mit kaltem Wasser ansetzen und zum Sieden bringen.

② Den Löwenzahn 1 Min. lang kochen, 10 Min. ziehen lassen und dann abseihen.

**Anwendung:**

Schluckweise trinken.
Kurmäßig sollte man 4 bis 6 Wochen lang zweimal täglich 1 Tasse Löwenzahntee trinken.

## Löwenzahn – Verwendung als Gewürz und Wildgemüse

Löwenzahnblüten liefern die Grundlage für aromatische Köstlichkeiten vom Blütensirup bis zum Likör. Ein besonderer Leckerbissen für Kenner sind Löwenzahnknospen in Butter oder Öl gebraten.

Aus frischen zarten Löwenzahnblättern kann man raffinierte Frühlingssalate zaubern. Man mischt sie am besten mit Kulturgemüse, wie Gurken, Tomaten, Radieschen oder Blattsalaten. Auf diese Weise gewöhnt sich der Gaumen schneller an die wertvollen Bitterstoffe.

**Tipp:** Sollten die Löwenzahnblätter zu bitter schmecken, werden die Blattspitzen abgeschnitten, denn hier sitzen die meisten Bitterstoffe!
Niemals die Blätter lange wässern, wie oft empfohlen wird, dadurch gehen die wichtigen Inhaltsstoffe verloren.

# Löwenzahnsalat mit Mais

**Zubereitung:**

① Die Maiskörner auf ein Sieb geben und gut abtropfen lassen.

② Die Löwenzahnblätter waschen, verlesen und eventuell schneiden.

③ Frühlingszwiebeln zusammen mit ihrem Grün in feine Ringe schneiden.

④ Die Eier hart kochen und achteln.

⑤ Für das Dressing saure Sahne mit Kräuteressig und gepresster Knoblauchzehe verrühren.

⑥ Mit Salz und Pfeffer abschmecken.

**Servieren:**

Die Maiskörner mit Löwenzahn locker mischen, auf vier Teller verteilen sowie mit den Eiern und Zwiebelringen garnieren und mit Dressing servieren.

**Zutaten:**

250 g Maiskörner
  (aus der Dose)
100 g junge Löwenzahnblätter
2 Frühlingszwiebeln mit Grün
1 Becher saure Sahne (200 g)
2 frische Eier
1 kleine Knoblauchzehe
  (gepresst)
1 TL Kräuteressig
etwas Pfeffer aus der Mühle
etwas Salz zum Abschmecken
Gänseblümchenblüten
  zum Garnieren.

# Löwenzahn-Tomatensalat
mit geröstetem Sesam

**Zubereitung:**

① Die Tomaten in Scheiben schneiden.

② Die Zwiebeln fein hacken.

③ Die Löwenzahnblätter waschen und in Streifen schneiden.

④ Die Soßenzutaten verrühren und mit dem Salat mischen.

⑤ Die Sesamkörner in einer heißen Pfanne ohne Fett goldgelb rösten und über den Löwenzahnsalat streuen.

**Servieren:**

Den Salat mit Tomaten garnieren und sofort servieren.

**Zutaten:**

1 kleine Schüssel voll zarter
  Löwenzahnblätter
$1/2$ kg Tomaten
1 Zwiebel
1 EL Olivenöl
Saft einer Zitrone
1 Joghurt (150 g)
1 Pr. Zucker
1 Pr. Salz
etwas Basilikum
etwas Thymian
2 EL Sesamkörner

# Löwenzahnhonig

**Zutaten:**
2 Hände voll Löwenzahnblüten
500 g Honig
2 Nelken
1/2 Zimtstange
1/2 TL Kardamom

**Zubereitung:**
1. Die Blüten möglichst von den grünen Hüllblättern befreien, da diese bitter schmecken.
2. Die Blüten in ein Schraubglas legen, den Honig darüber gießen, die Gewürze dazugeben und alles umrühren.
3. Das Schraubglas etwa 2 bis 3 Wochen an einem warmen Ort stehen lassen.
4. Anschließend die Masse durch ein Sieb abfiltern.

# Löwenzahn-Sirup

**Zubereitung:**

① Die Blütenköpfe in das kalte Wasser geben, kurz aufkochen, vom Herd nehmen und 24 Stunden ziehen lassen.

**Tipp:** Wer frischen Engelwurz hat, kann einen kleinen Stängel mitkochen, das gibt ein besonders feines Aroma.

② Anschließend die Blüten absieben.

③ Den so gewonnenen Blütenauszug abmessen und mit der gleichen Menge Zucker verrühren.

④ Zitronenscheiben und Gewürze dazugeben, aufkochen und auf kleiner Kochstufe zu Sirup eindicken.

⑤ Noch heiß in Schraubgläser füllen.

⑥ Falls vorhanden, Zitronenthymian oder Kardamom als Geschmacksvariation hinzugeben.

**Servieren:**

Der Löwenzahnsirup eignet sich als Brotaufstrich und zum Süßen von Kräutertee.

**Zutaten:**
2 Doppelhände voll frische Löwenzahnblüten
ca. 1 l Wasser
1 kg Zucker (evtl. Fruchtzucker oder Rohrzucker)
2 ungespritzte Zitronen
ggf. etwas Zitronenthymian oder Kardamom

# Gebackene Bananen mit Löwenzahnsirup

**Zubereitung:**

① Banane schälen und mit Löwenzahnsirup glasieren.

② Dann die Banane mit Zwiebackmehl panieren.

③ Die panierte Banane im heißen Öl einer Pfanne goldgelb backen.

**Servieren:**

Nach Belieben kann dazu Schlagsahne gereicht werden.

**Zutaten:**
1 Banane
1 EL Zwiebackmehl oder Semmelbrösel
etwas Löwenzahnhonig
etwas Öl zum Ausbacken

## Kurzinfo

| | |
|---|---|
| **Herkunft:** | wild wachsend in Europa |
| **Standort:** | Wiesen |
| | Grasplätze |
| **Familie:** | Knöterichgewächs |
| **Kultur:** | mehrjährig |
| **Blütezeit:** | April bis August |
| **Höhe:** | 30 bis 80 cm |
| **Ernte:** | frische Blätter: vor der |
| | Blüte im Mai |
| **Verwendung:** | W = Würzpflanze |

*Inhaltsstoffe*
*reich an:*
  ◆ *Mineralstoffen*
  ◆ *Vitamin C*
*Achtung:*
  ◆ *Oxalsäure*

# Sauerampfer (Rumex acetosa)
## In Maßen gesund

**Beschreibung:**

Der Sauerampfer ist eine mehrjährige krautige Pflanze aus der Familie der Knöterichgewächse. Er wächst auf kalkarmen, feuchten Böden, in Wiesen, an Ufern und Böschungen. Sauerampfer ist eines der wenigen Kräuter, die auch im Schatten gedeihen.

Geerntet werden die jungen zarten Blätter vor der Blüte. Die ausdauernde Pflanze entwickelt Blattrosetten, aus denen ab Mai 30 bis 80 cm lange rötliche Stiele mit hellroten Blütenrispen wachsen.

Sauerampfer kann auch im Garten angebaut werden, die Kulturform entwickelt große, zarte Blätter, die während der Vegetationsperiode laufend gepflückt werden können.

## Wirkung:

Die Pflanze gehört zu den „Fitmachern" im Frühling und die Blätter werden für die blutreinigende Frühjahrskur verwendet.

Nicht zu unterschätzen ist der Gehalt an Oxalsäure, die in höherer Dosis giftig ist. Deshalb rohen Sauerampfer nur sparsam verwenden.

Grundsätzlich darf Sauerampfer nicht regelmäßig über eine längere Zeit in großen Mengen roh gegessen werden, Nieren- und rheumakranke Personen sollten auf Sauerampfer verzichten.

## Sauerampfer – Verwendung als Gewürz

Die jungen Blätter geben Salaten, Soßen, Kartoffelsalat, Eierspeisen, Quark und Kräuterbutter einen erfrischenden Geschmack. Besonders schmackhaft ist im Frühjahr eine Sauerampfersuppe mit Sahne.

Sauerampfer kann man Einfrieren. Beim Trocknen verliert er jedoch an Aroma.

**Tipp:** Bei der Zubereitung von Sauerampfergerichten empfiehlt es sich, Milch oder Milchprodukte mitzuverwenden, da deren Calciumgehalt die Oxalsäure neutralisiert.

# Sauerampfer-Dip

## Zubereitung:

① Die gewaschenen Sauerampferblätter fein hacken.
② Dann mit der Milch im Mixer pürieren.
③ Quark, saure Sahne, Zitronensaft hinzugeben.
④ Alles gut vermischen und mit den Gewürzen abschmecken.
⑤ Der Dip sollte eine cremige Konsistenz haben. Nach Bedarf etwas Milch unterrühren und in Schälchen füllen.

## Zutaten:

4 EL frischen Sauerampfer
250 g Magerquark
1 Becher saure Sahne (200 g)
4 bis 5 EL Milch
Saft einer halben Zitrone
etwas Salz
etwas Pfeffer
1 Pr. Zucker

## Servieren:

Der einfach herzustellende Dip passt gut auf kalte Buffets, als Beilage zu magerem Braten und Fisch. Gekochte Eier kann man sehr dekorativ auf einer Platte mit dem grünem Dip anrichten. Selbst heiße Pellkartoffeln schmecken gut dazu. Hübsch mit einigen Sauerampferblättern garniert, wirkt der Dip sehr dekorativ.

# Sauerampfer-Omelett

**Zutaten:**
4 EL frische, fein gehackte
Sauerampferblätter
2 EL Milch oder Sahne
4 frische Eier
etwas Salz
etwas Pfeffer
etwas Muskat
Öl zum Ausbacken

**Zubereitung:**
① Die Sauerampferblätter fein hacken.
② Die Eier mit der Milch verquirlen und mit den gehackten Sauerampferblättern mischen.
③ Die Schaummasse würzen und in einer Pfanne im heißen Öl ausbacken.
④ Das Omelett sofort servieren.

**Beilage:**
Dazu passt frischer Blattsalat.

**Varianten:**
Das Omelett kann auch als Suppeneinlage verwendet werden. Dazu wird es in kleine Würfel geschnitten, in Suppentellern angerichtet und mit heißer Gemüsesuppenbrühe übergossen. Statt Sauerampfer können andere Kräuter verwendet werden, z. B. Brennnessel, Giersch oder Wiesenknöterich.

# Sauerampfer-Suppe

**Zutaten:**
100 g Sauerampfer
2 mittelgroße Zwiebeln
30 g Butter oder Margarine
4 EL feine Haferflocken
1 l Gemüsebrühe
$1/8$ l Sahne
1 frisches Eigelb
etwas frisch geriebene
   Muskatnuss
etwas Salz
etwas Pfeffer

**Zubereitung:**
① Die Zwiebeln fein hacken.
② Die Butter in einem Topf zerlassen.
③ Die Zwiebelwürfel darin goldgelb anrösten.
④ Haferflocken dazugeben, alles durchschwitzen lassen und mit der Gemüsebrühe auffüllen und zum Kochen bringen.
⑤ Den Sauerampfer waschen, hacken und unterrühren.
⑥ Die Suppe 10 Min. leise kochen lassen, mit Sahne und Eigelb verfeinern. Dabei ist darauf zu achten, dass sie nicht wieder aufkocht.
⑦ Mit Salz, Basilikum und Muskat abschmecken.

## Kurzinfo

| | |
|---|---|
| **Herkunft:** | heimisches Wildkraut |
| **Standort:** | Äcker |
| | Gärten |
| | Schuttplätze |
| **Familie:** | Nelkengewächse |
| **Kultur:** | einjährig |
| **Blütezeit:** | ganzjährig |
| **Höhe:** | 20 bis 30 cm |
| **Ernte:** | frisches Kraut: lfd. |
| **Verwendung:** | W = Würzpflanze |
| | H = Heilpflanze |

# Vogelmiere (Stellaria media)
## Vitaminspender im Winter

### Beschreibung:

Die kleine unscheinbare Pflanze gehört zu den Nelkenge-
wächsen und wird im Volksmund auch Hühnerdarm, Hüh-
nermiere oder Sternenkraut genannt. Sie wächst gerne in
der Nähe menschlicher Siedlungen, im Garten, an Gräben
oder auf Äckern.

Vogelmiere ist eine Zeigerpflanze für nährstoffreichen,
humushaltigen und garen Boden. Sie sät sich von selbst aus
und in einem Jahr können 5 bis 6 Generationen sprießen.
Die zarte und zerbrechlich wirkende Pflanze besitzt eine
erstaunliche Vitalität und ist außerordentlich robust, denn
sie steht fast ganzjährig, auch im Winter, zur Verfügung.

*Inhaltsstoffe:*
- *Vitami C*
- *Mineralstoffe, z. B.:*
- *- Kalium*
- *- Eisen*
- *Saponine (schleim-
  lösende Wirkstoffe).*

**Wirkung:**

Die Vogelmiere wird in der Volksmedizin als schleimlösendes Mittel eingesetzt und ist Bestandteil von Hustenteemischungen. Eine Vogelmierenpaste (s. Rezept unten) stärkt die körpereigenen Abwehrkräfte und ist besonders im Winter zur Vorbeugung gegen Erkältungskrankheiten geeignet.

## Vogelmiere als Hausmittel

# Vogelmierenpaste

**Zutaten:**

200 g frische Vogelmiere (ohne Wurzeln)

2 EL geriebenen Meerrettich

2 Knoblauchzehen

1 EL Sonnenblumen-Öl

etwas Salz

etwas Essig

**Zubereitung:**

① Die Vogelmiere am besten mit der Schere abschneiden, sehr gut waschen, verlesen und gut abtropfen lassen.

② Dann mit dem Fleischwolf, Mixer oder Messer zerkleinern.

③ Den Knoblauch ebenfalls zerkleinern.

④ Knoblauch, Meerrettich und Öl zur Vogelmiere geben.

⑤ Mit Salz und Essig nach Geschmack pikant abschmecken.

⑥ Alles in verschraubbare Gläser füllen und kalt stellen. Im Kühlschrank kann die Paste mehrere Tage aufbewahrt werden.

**Anwendung:**

Die Vogelmierenpaste stärkt die Abwehrkräfte und 2 bis 3 TL täglich wirken im Winter vorbeugend gegen Erkältungskrankheiten.

Die Vogelmierenpaste schmeckt auch als herzhafte Beilage zu Wurst oder als vegetarischer Brotaufstrich.

## Vogelmiere – Verwendung als Gewürz und Wildgemüse

Sie bietet als Wildpflanze in der kräuterarmen Jahreszeit eine echte Alternative zu Treibhauskräutern. Man verwendet die grünen Pflanzenteile einschließlich Blüte für leckere Salate, Suppen, Soßen und Würzpasten.

# Vogelmierensalat

**Zubereitung:**

① Vogelmiere und Zwiebellauch gründlich waschen, zerkleinern und in Salatschälchen geben.
② Das Salat-Dressing aus saurer Sahne und den Gewürzen herstellen.
③ Das fertige Dressing über den Salat geben.

**Servieren:**

Den Salat mit Tomaten und Eiern verzieren und gehackten Dill darüber streuen.

**Zutaten:**

*Salat:*
3 Hände voll Vogelmiere
  (ohne Wurzeln)
2 Frühlingszwiebeln mit Lauch
1 Sträußchen frischen Dill
1 Becher Saure Sahne (200 g)

*Dekoration:*
2 frische hart gekochte Eier
2 Tomaten
Zitronensaft
etwas Salz
etwas Pfeffer aus der Mühle

# Vogelmierensuppe

**Zubereitung:**

① Die Vogelmiere gründlich waschen, fein mit dem Wiegemesser zerkleinern.
② Die Zwiebel fein hacken.
③ Die Butter im Topf erhitzen und darin die Zwiebel glasig dünsten.
④ Vollkornmehl dazugeben und leicht anbräunen.
⑤ Anschließend die Vogelmiere kurz mitdünsten.
⑥ Die Gemüsebrühe aufgießen.
⑦ Alles 5 bis 10 Min. schwach kochen lassen.
⑧ Zum Schluss alles mit saurer Sahne verfeinern und mit den Gewürzen abschmecken.

**Servieren:**

Nach Belieben können geröstete Brotwürfel dazugegeben werden.

**Zutaten:**

2 Hände voll Vogelmiere
  (ohne Wurzeln)
1 Zwiebel
1 EL Butter
2 EL Vollkornmehl
1 l fertige Gemüsebrühe
2 bis 3 EL saure Sahne
etwas Salz
etwas Pfeffer
etwas frisch geriebenen
  Muskat

# Köstlichkeiten aus verschiedenen Wildkräutern

## Wildkräuterpizza
### mit Giersch, Brennnessel und Bärlauch

**Zutaten:**

*Hefeteig:*
400 g Weizenvollkornmehl
1 P. Hefe
4 EL Öl
etwas lauwarme Milch
1 Msp. Salz
1/2 TL gemahlenen Koriander

*Belag:*
250 g frische Kräuter, z. B.
   Bärlauch, Giersch,
   Brennnesseln
3 bis 4 EL Öl
4 frische Eier
1 Becher saure Sahne (200 g)
50 g geriebenen Käse
4 Tomaten
etwas Salz
etwas getrocknetes Basilikum
etwas Oregano
etwas Paprikapulver
1/2 TL Kümmel

**Zubereitung:**
1. Aus den angegebenen Zutaten den Hefeteig herstellen und gehen lassen.
2. In der Zwischenzeit die frischen Kräuter waschen und schneiden.
3. Das Öl in einer Pfanne erhitzen, die Kräuter dazugeben und 3 Min. dünsten.
4. Alles abkühlen lassen.
5. Die Eier in einer Schüssel verquirlen.
6. Die gedünsteten Kräuter, die Sahne und den geriebenen Käse unter die Eier mengen und mit den Gewürzen abschmecken.
7. Den gegangenen Hefeteig auf einem Blech ausrollen.
8. Die Kräutermasse auf dem ausgerollten Hefeteig verteilen, mit Tomatenscheiben garnieren und im vorgeheizten Backofen bei 200 °C ungefähr 20 Min. backen.

## Frühlingskräuter-Dip

**Zutaten:**
500 g Magerquark
1 Becher (200 g) Sauerrahm
1 Salatgurke
1 Bund Radieschen
2 bis 3 Frühlingszwiebeln
etwas Salz
etwas Pfeffer
Frische Kräuter, z. B.: Knoblauchsrauke, Gundermann,
   Giersch, Pimpinelle,
   Zitronenmelisse, Schnittlauch, Bärlauch

**Zubereitung:**
1. Gemüse und Kräuter waschen und zerkleinern. Dabei werden Gurken und Radieschen in kleine Würfel geschnitten.
2. Den Quark mit Sauerrahm gut verrühren und mit Salz und Pfeffer abschmecken.
3. Die übrigen Zutaten hinzufügen und mit dem Quark mischen.
4. Alles ein wenig durchziehen lassen.

**Beilage:**
Dazu passen Vollkornbrot, Fladenbrot oder Ofenkartoffeln.

# Wildkräuter-Kartoffelsalat

## Zubereitung:

1. Die Kartoffeln schnittfest kochen, schälen und in Scheiben schneiden.
2. Die Gemüsebrühe zubereiten.
3. Den Kräuteressig in die heiße Gemüsebrühe geben.
4. Anschließend die Brühe über die warmen Kartoffelscheiben gießen.
5. Alles gut mischen und zugedeckt stehen lassen.
6. Die Salatgurke schälen, der Länge nach vierteln und in 1/2 cm dicke Stücke schneiden.
7. Die Frühlingszwiebeln schälen und fein hacken.
8. Aus dem Joghurt, der Quarkmayonnaise, dem Senf und den Gewürzen eine Marinade rühren.
9. Nun sämtliche Zutaten mischen und gut mit Salz, Basilikum bzw. Pfeffer abschmecken.
   Den Kartoffelsalat gut durchziehen lassen.

## Servieren:

Bevor der delikate Kartoffelsalat serviert wird, sollte er mit frischen Kräutern, Tomaten und Eischeiben garniert werden.

**Zutaten:**

*Salat:*
1 kg Salatkartoffeln
1/4 l heiße Gemüsebrühe (Brühwürfel)
1 Salatgurke
3 Frühlingszwiebeln
gemahlenen Pfeffer
3 Hände voll verschiedener frischer Kräuter, z. B.:
   Brunnenkresse, Brennnessel
   Sauerampfer, Pimpinelle
   Bärlauch
2 Becher Joghurt (400 g)
5 EL Quarkmayonnaise
4 EL Kräuteressig
1 EL mittelscharfen Senf
etwas Kräutersalz
etwas Basilikum oder frisch gemahlenen Pfeffer

*Dekoration:*
2 Tomaten
1 frisches hart gekochtes Ei
frische Kräuter

# Wildkräutersalat
## mit Bulgur

## Zubereitung:

1. Bulgur 1 bis 2 Stunden in kaltem Wasser einweichen und dann in einem Sieb abtropfen lassen.
2. Die Salatgurke, Tomaten und Zwiebeln in Würfel schneiden.
3. Die Würfel mit der Bulgur und den fein gehackten Kräutern mischen.
4. Öl, Zitronensaft und Gewürze dazugeben.
5. Alles gut mischen und durchziehen lassen.
6. Inzwischen Sonnenblumenkerne in einer Pfanne trocken anrösten und den Salat damit garnieren.

## Beilagen:

Zum Salat schmeckt Buttertoast. Der Salat kann gut zum Picknick mitgenommen werden.

**Zutaten:**

125 g Bulgur (Weizengrütze)
1 Salatgurke
500 g Tomaten
1 Bund Frühlingszwiebeln
Saft von 2 bis 3 Zitronen
3 EL Olivenöl
4 EL Sonnenblumenkerne
etwas Salz
etwas Basilikum oder frisch gemahlenen Pfeffer
frische Kräuter nach Jahreszeit, z. B.: Giersch, Sauerampfer, Wiesenknöterich, Pimpinelle Bachminze.

## Kräuter-Schinkenknödel
### als Suppeneinlage

**Zutaten:**

2 alte Vollkornbrötchen

100 g gekochten Schinken

1/4 l Milch

1 Zwiebel

Wildkräuter wie z.B.: Brennnessel, Giersch, Vogelmiere

oder Gartenkräuter wie z. B:
Petersilie, Majoran,
Schnittlauch

1 frisches Ei

60 bis 80 g Weizenvollkornmehl

30 bis 40 g Butter

1/2 TL getrockneten Oregano

1 1/2 bis 2 l Suppenbrühe

etwas Salz

etwas Pfeffer

etwas Muskat

**Zubereitung:**

1. Die Brötchen in feine Scheiben schneiden.
2. Die Milch aufkochen, über die harten Brötchenscheiben gießen und ziehen lassen.
3. Parallel die Gemüsebrühe aufsetzen.
4. Den Schinken in Würfel schneiden.
5. Die Zwiebeln hacken.
6. Die Kräuter mit dem Wiegemesser zerkleinern.
7. Zwiebel-, Schinkenwürfel und zerkleinerte Kräuter in Butter andünsten, erkalten lassen und zur Brötchen-masse geben.
8. Die Eier, das Mehl nach Bedarf und die Gewürze ebenfalls zugeben.
9. Den Teig gut durchkneten, bis er mittelfest ist.
10. Dann aus dem Teig mit nassen Händen kleine Knödel for-men und in die gut abgeschmeckte kochende Suppen-brühe geben. 15 Min. ziehen lassen.
11. Anschließend die Suppe mit gehackter Petersilie oder Schnittlauch anrichten.

## Frühlingssalat mit Wildkräutern

**Zutaten:**

*Salat:*

1 Salatgurke

1 Bund Radieschen oder
einige Tomaten

verschiedene Wildkräuter,
z. B.: Giersch, Löwenzahn,
Brunnenkresse, Schafgarbe,
Sauerampfer, Brennnessel-
spitzen, Bärlauchblätter,
Knoblauchsrauke

*Marinade:*

1 Zwiebel

1 Zitrone

3 EL Öl

etwas Salz

etwas Zucker

etwas gemahlener Pfeffer
oder Basilikum

**Zubereitung:**

1. Die Gurken, Radieschen bzw. Tomaten in kleine Würfel schneiden.
2. Alle Kräuter gut waschen, fein mit dem Wiegemesser zer-kleinern.
3. Die Marinade aus Zitronensaft, Öl, der Prise Salz und Zucker sowie etwas Pfeffer oder Basilikum herstellen.
4. Alle Zutaten mischen und gleich servieren.

**Tipp:** Anstelle der Salatgurke kann auch frischer Kopfsalat verwendet werden.

**Hinweis:** Dieser Salat kann schon früh im Jahr zube-reitet werden, denn die Kräuter können schon Anfang März gesammelt werden.

# Wildgemüse-Schinken-Gratin

**Zubereitung:**

① Das Wildgemüse in Salzwasser 3 Min. kochen, abtropfen und auskühlen lassen.

② Danach fein hacken.

③ Die Brötchen würfeln.

④ Die Milch aufkochen und über die Brötchenwürfel gießen. 5 Min. ziehen lassen.

⑤ Die gehackten Zwiebeln in 30 g Butter glasig dünsten und vom Herd nehmen.

⑥ Das fein gehackte Wildgemüse, die Eier, die eingeweichten Brötchen und die Schinkenwürfel dazugeben.

⑦ Alles mit Salz und Pfeffer abschmecken.

⑧ Die Masse in eine feuerfeste, gebutterte Auflaufform füllen.

⑨ Die restliche Butter (20 g) als Flöckchen auf die Oberfläche setzen.

⑩ Im vorgeheizten Herd bei 200 °C insgesamt 30 Min. backen.

⑪ 10 Minuten vor Ende der Garzeit noch den geriebenen Käse darüber streuen.

**Zutaten:**

300 g Wildkräuter, gemischt: Brennnessel, Giersch, Wiesenknöterich, Weiße Taubnessel

3 alte Vollkornbrötchen

1/4 l Milch

2 Zwiebeln

50 g Butter

2 frische Eier

150 g gekochten Schinken gewürfelt

100 g geriebenen Emmentaler Käse

etwas Salz

etwas Pfeffer

# Küchenkräuter –
# Würz- und Heilpflanzen

### „Gesund Würzen mit Kräutern"

Küchenkräuter erleben heute wieder eine Renaissance, man besinnt sich, dass sie mehr sind als nur Dekoration auf dem Tellerrand. Sie sind „gewachsene Arzneien", vielseitig verwendbar und geben den Speisen einen aromatischen Geschmack mit individueller Note. Darüber hinaus helfen sie den Kochsalzverbrauch zu reduzieren, denn zu viel Salz bindet überschüssiges Wasser im Körper, belastet das Herz-Kreislauf-System und vermehrt die Pfunde auf der Waage. Auch wer wenig Zeit zum Kochen hat, kann sein Essen mit frischen Kräutern anreichern und einfache Rezepte zu köstlichen Speisen verwandeln!

Würzkräuter können selbst gezogen werden, im Garten, auf dem Balkon oder auf der Fensterbank. Die meisten Pflanzen sind winterhart und mehrjährig, sodass nicht jedes Jahr ausgesät werden muss. Wer keine Anbaumöglichkeiten hat, findet im Sommer ein gutes Sortiment frischer Kräuter auf Wochenmärkten oder in Hofläden.

### Küchenkräuter haben Würz- und Heilkraft

Viele bekannte Küchenkräuter, z. B. Salbei, Majoran, Thymian und Rosmarin, stammen aus dem Mittelmeerraum. Sie sind nicht nur sehr aromatische Gewürze, sondern auch gleichzeitig „milde" Heilmittel und fördern die Bekömmlichkeit der Speisen. Kräuter sind „Kompositionen" einzelner Pflanzeninhaltsstoffe, die in ihrer Gesamtheit schon in kleinen Mengen wirken. Je nach Pflanzenart beinhalten sie verschiedene Bitterstoffe, Gerbstoffe, organische Verbindungen, Vitamine, Mineralstoffe und Spurenelemente. Besonders hervorzuheben sind die ätherischen Öle, die eine stimulierende, verdauungsanregende, antiseptische und oft auch eine beruhigende Wirkung haben.

Fast alle Würzpflanzen sind darum auch Heilpflanzen, aber nicht alle Heilpflanzen sind automatisch Würzpflanzen, z. B. eignet sich Wermut aufgrund seiner wertvollen Bitterstoffe als Tee bei Magen-Darmbeschwerden. Als Gewürz ist er zu bitter, damit kann man sehr schnell den Gänsebraten geschmacklich verderben! Der „milde Bruder" Beifuß ist dagegen als Gewürz zum Gänsebraten viel besser geeignet.

### Richtig würzen mit Kräutern

Zum richtigen Abschmecken und Würzen brauchen wir Fingerspitzengefühl und einen sensiblen Gaumen. Wer noch unsicher im Umgang mit Kräutern ist, sollte zunächst einige Blätter zwischen den Fingern zerreiben, schnuppern und davon probieren, bevor er sie verwendet. Auf diese Weise kann man seinen Geschmacks- und Geruchssinn trainieren und macht dabei oft neue sinnliche Erfahrungen.

Kräuter sind unterschiedlich aromatisch. Einige sind sehr dominierend, z.B. Liebstöckel, damit muss man dann sehr sparsam umgehen. Es reicht schon ein kleines Zweiglein, um der Suppe die nötige Würze zu geben. Andere Kräuter haben ein sehr zartes, feines Aroma, wie z.B. Myrrhenkerbel und Pimpinelle. Diese Kräuter kann man reichlicher verwenden, sie lassen sich auch gut mit weiteren Kräutern kombinieren.

Damit das frische Kräuteraroma voll zur Geltung kommt, sollte grundsätzlich mit Salz und anderen Streugewürzen sehr vorsichtig umgegangen werden. Die meisten Kräuter werden vorzugsweise frisch verwendet und nicht erst gekocht. Einige andere entfalten ihr volles Aroma jedoch erst beim Garen.

### Kräuter, die roh verwendet werden und nicht mitgekocht werden sollten:

- Basilikum
- Brunnenkresse
- Borretsch
- Dill
- Gartenkresse
- Kapuzinerkresse
- Kerbel
- Süßdolde
- Petersilie
- Pimpinelle
- Schnittlauch
- Zitronenmelisse

### Diese Kräuter entfalten ihr volles Aroma erst beim Kochen:

- Beifuß
- Bohnenkraut
- Bergbohnenkraut
- Dost
- Oregano
- Lavendel
- Liebstöckel
- Majoran
- Thymian

Richtiges Würzen dient der Gesundheit und verbessert die Bekömmlichkeit der Speisen. Schon der Duft „lässt das Wasser im Munde zusammenlaufen". Magen-Darmfunktion und Galle- und Lebertätigkeit werden positiv beeinflusst. Besonders ältere Menschen mit Verdauungsschwäche sollten gut würzen, vor allem mit frischen Kräutern, und wer salzarm essen muss, denke an das Sprichwort:

*„Gut gewürzt ist halb gesalzen!"*

### Wirkung auf die Organe

Die verschiedenen Würzkräuter haben, je nach Pflanzeninhaltstoffen, eine gesundheitsfördernde Wirkung auf unsere Körperorgane:

### Atemwegsorgane:

- Anis
- Dost
- Fenchel
- Majoran
- Meerrettich
- Quendel
- Salbei
- Süßdolde
- Ysop
- Pimpinelle
- Ysop
- Zwiebel

## Harnwegsorgane:

*Entwässernde Wirkung:*

- Borretsch
- Estragon
- Liebstöckel
- Petersilie
- Kresse
- Selleriegrün

*Desinfizierende Wirkung:*

- Knoblauch
- Kresse
- Meerrettich
- Zwiebel

## Herz-Kreislauf-System:

- Knoblauch
- Lavendel
- Liebstöckel
- Melisse
- Minze
- Rosmarin
- Zwiebeln

## Nervensystem:

*stärkend – beruhigend:*

- Basilikum
- Borretsch
- Dill
- Lavendel
- Melisse
- Minze

*anregend:*

- Rosmarin

## Stoffwechsel:

*anregend (z.B. Frühjahrskur):*

- Borretsch
- Brunnenkresse
- Gartenkresse
- Kapuzinerkresse
- Kerbel
- Knoblauch
- Meerrettich
- Petersilie
- Pimpinelle
- Schnittlauch

## Stärkung der körpereigenen Abwehrkräfte:

- Brunnenkresse
- Kapuzinerkresse
- Meerrettich
- Knoblauch
- Zwiebel

## Verdauungsorgane:

- Anis
- Basilikum
- Beifuß
- Bohnenkraut
- Dill
- Dost
- Estragon
- Fenchel
- Kerbel
- Kapuzinerkresse
- Knoblauch
- Kümmel
- Koriander
- Majoran
- Melisse
- Oregano
- Pfefferminze
- Quendel
- Rosmarin
- Salbei
- Süßdolde
- Thymian
- Zwiebel
- Ysop

# Würz- und Heilpflanzen

aus Bauerngärten neu entdecken

## Kurzinfo

**Herkunft:** Indien
**Standort:** sonnig
windgeschützt
**Familie:** Lippenblütler
**Kultur:** einjährig
Aussaat ab Mitte Mai
**Blütezeit:** Juni bis September
**Höhe:** 60 cm
**Ernte:** frisches Kraut: sobald die
Pflanze kräftig genug ist
zum Trocknen: wenn die
Pflanze anfängt zu blühen
**Verwendung:** W = Würzpflanze
H = Heilpflanze

*Inhaltsstoffe:*
- *ätherische Öle,*
- *Mineralstoffe:*
- *Eisen*
- *Calcium*
- *Kalium*
- *Magnesium*
- *Vitamin C*
*(219 mg auf 100 g Frischgewicht)*

# Basilikum (Ocimum basilicum)

Das königliche Kraut

## Beschreibung:

Basilikum gehört zu den beliebtesten Würzkräutern, sein Geschmack ist scharf und pfeffrig, daher wird es im Volksmund auch „Pfefferkraut" genannt.

Basilikum ist einjährig und frostempfindlich, es braucht im Garten einen warmen, sonnigen und windgeschützten Standort und eine humusreiche, lockere Erde. Das Kraut gedeiht im Sommer auch auf dem Balkon oder der Fensterbank. Wichtig ist es, darauf zu achten, dass beim Aussäen die Saat nur flach mit Erde bedeckt wird, denn Basilikum ist ein Lichtkeimer.

Frisches Basilikumkraut wird im Sommer auch auf Märkten und in Gemüseläden angeboten.

## Wirkung:

Die ätherischen Öle haben eine antiseptische Wirkung und helfen bei Verdauungsstörungen, Appetitlosigkeit, Blähungen und Verkrampfungen. Basilikum macht Speisen bekömmlicher.

**Basilikum als Hausmittel:**

# Basilikum-Tee

gegen Blähungen

**Zubereitung:**

① Das Wasser zum Kochen bringen.

② Das getrocknete Basilikumkraut mit dem kochenden Wasser übergießen, 10 Min. ziehen lassen und abseihen.

③ Der Tee wird ungesüßt getrunken.

**Anwendung:**

Bei Magen- und Darmstörungen (besonders bei Blähungen) kurmäßig eine Woche lang 2x täglich eine Tasse Tee trinken. Sollten sich die Beschwerden nicht bessern, den Arzt zu Rate ziehen!

**Zutaten:**
1 bis 2 TL getrocknetes
Basilikumkraut
1/4 l Wasser

## Basilikum – Verwendung als Gewürz

Frisches Basilikum ist vor allem in der italienischen Küche beliebt. Zurecht, ist es doch äußerst vielseitig verwendbar. Das würzige, pfeffrige Aroma passt gut zu Salaten, Tomaten- und Nudelgerichten, Geflügel und Fisch, Paprika, Aubergine, Pizza, Lamm- und Schweinebraten, Quark, Kräuterbutter, Käse, Kräuteröl und Kräuteressig sowie Würzpasten und Kräutersoßen, wie z. B. das beliebte italienische Pesto. Verwendet werden die frischen Basilikumblätter und Triebspitzen. Frisches Basilikum darf nicht mitgekocht werden! Getrocknetes Basilikum eignet sich überall dort zum Würzen, wo Pfeffer verwendet werden könnte. Man sollte sich jedoch nur für eines der beiden Gewürze entscheiden! Die getrockneten Blätter werden zwischen den Fingerspitzen oder aber im Mörser zerrieben. Erst dann entfalten sie ihr volles Aroma.

# Basilikum-Nudeln

**Zutaten:**

250 g Spiralnudeln
  (Hartweizen)
etwas Wasser
etwas Salz
2 bis 3 Knoblauchzehen
2 Bund frisches Basilikum
50 g Parmesankäse
4 EL Olivenöl
etwas Salz
etwas Pfeffer aus der Mühle

**Zubereitung:**

1. Die Nudeln in reichlich Wasser mit Salz bissfest kochen und abtropfen lassen.
2. Basilikum waschen, abtupfen und die Blätter von den Stielen zupfen.
3. Die Knoblauchzehen in Scheiben schneiden.
4. Öl in einer Pfanne erhitzen und darin die Knoblauchscheiben leicht anbraten.
5. Die gekochten Nudeln in der Pfanne schwenken, in eine Schüssel geben und mit den Basilikumblättern mischen.
6. Zum Schluss den Parmesankäse reiben und über die Nudeln streuen.
7. Alles mit gemahlenem Pfeffer bestreuen. Falls notwendig mit einer Prise Salz abschmecken.

**Beilage:**

Als Beilage passt Tomatensalat.

# Tomatensalat mit Basilikum und Melisse

**Zutaten:**

1 kg schnittfeste Tomaten
1 Gemüsezwiebel
1 Sträußchen frisches
  Basilikum
1 Sträußchen frische
  Zitronenmelisse
3 EL Olivenöl
etwas Salz
etwas Kräuteressig
etwas frisch gemahlenen
  Pfeffer

**Zubereitung:**

1. Die Tomaten und Zwiebeln in Scheiben schneiden.
2. Basilikum und Zitronenmelisse waschen und fein hacken. Nur einige Blätter zum Garnieren ganz lassen.
3. Die Tomaten mit Zwiebeln und Kräutern schichtweise in eine Glasschüssel füllen.
4. Aus Essig, Öl und Pfeffer eine Marinade herstellen, die über die Schicht in der Schüssel gegeben wird.
5. Alles 10 Min. durchziehen lassen.
6. Den Salat vor dem Servieren mit Kräuterblättchen garnieren und mit frisch gemahlenem Pfeffer würzen.

# Basilikum-Pesto

**Zubereitung:**

① Basilikum, Pinienkerne und Knoblauch hacken und in einem Mörser zerstampfen oder im Mixer pürieren, dass eine feine Paste entsteht.

② Den Parmesan reiben, der Paste zufügen und gut verrühren.

③ Das Olivenöl tropfenweise unterrühren bis die Masse eine butterweiche Konsistenz hat.

④ Ggf. mit Salz abschmecken.

**Beilage:**

Dieses klassische Basilikumpesto schmeckt gut zu Nudelgerichten und Lammbraten.

**Lagerung:**

Stellt man Pesto in größeren Mengen her, kann es in Gläser abgefüllt und mit einer Schicht Olivenöl luftdicht verschlossen werden. So lässt es sich im Kühlschrank ca. 2 Wochen aufbewahren.

**Zutaten:**

100 g frische Basilikumblätter
50 g Pinienkerne
3 bis 4 Knoblauchzehen
$1/8$ l Olivenöl
100 g frisch geriebener
   Parmesan-Käse
1 Pr. Salz

## Mozzarella mit Basilikum

**Zutaten:**

*pro Person:*
100 g Mozzarella-Käse
frische Basilikumblätter
 nach Bedarf
1 gr. Fleischtomate
1 EL Olivenöl

Mozzarella mit Basilikum ist eine klassische italienische Speise – leicht, würzig und bekömmlich.

**Zubereitung:**
① Die Tomate waschen und in Scheiben schneiden.
② Auch den Mozzarella-Käse in Scheiben schneiden.
③ Das Basilikum waschen, trocken tupfen und die Blätter abzupfen.
④ Die Käse- und Tomatenscheiben schuppenartig auf einem großen Teller anrichten, mit Olivenöl beträufeln und mit Basilikumblättern reichlich dekorieren.
⑤ Alles nach Belieben mit Salz und Pfeffer würzen.

## Würzpaste aus frischem Basilikum

**Zutaten:**
100 g frische Basilikumblätter
10 g Salz
100 ml Sonnenblumen- oder
 Olivenöl

**Zubereitung:**
① Basilikum waschen, mit einem sauberen Geschirrtuch oder Küchenkrepp trocken tupfen.
② Die Basilikumblätter hacken, anschließend mit Salz und Öl in einem Mixer zu einer Paste pürieren.
③ Die Würzpaste in ein dunkles Schraubglas oder Steintöpfchen füllen, mit 1 bis 2 cm Öl bedecken, gut verschließen und kühl stellen.

**Beilage:**
Basilikum-Würzpaste gibt Suppen, Soßen, Teigwaren, Reis- und Tomatengerichten eine delikate Note. Die Würzpaste ist hochkonzentriert, dosiert wird mit dem Teelöffel.

**Lagerung:**
Die Basilikumpaste innerhalb eines halben Jahres verwenden.

**Tipp:** Für die Haltbarkeit ist es entscheidend, dass die Salzmenge strikt eingehalten wird.
Zudem muss nach jeder Entnahme die Oberfläche der restlichen Würzpaste mit Öl bedeckt werden.

## Kurzinfo

| | |
|---|---|
| **Herkunft:** | Europa |
| **Standort:** | Sonne |
| | Halbschatten |
| **Familie:** | Korbblütler |
| **Kultur:** | ausdauernd mehrjährig |
| **Blütezeit:** | Juli bis September |
| **Höhe:** | bis 200 cm |
| **Ernte:** | junge Triebspitzen: |
| | Juli bis September |
| | obere Blütenrispen zum |
| | Trocknen: Juli bis Sep- |
| | tember |
| **Verwendung:** | W = Würzpflanze |
| | H = Heilpflanze |

# Beifuß (Artemisia vulgaris)

Freund der Galle

## Beschreibung:

Der Beifuß ist eine ausdauernde, wild wachsende Pflanze, er gedeiht auf Schutthalden, Ödland und Böschungen. Aufgrund seiner weiten Verbreitung muss er nicht unbedingt im Garten angebaut werden, zumal er sich sehr vermehrt. Er gehört zur Familie der Korbblütler. Deshalb ist vor allem für Allergiker Vorsicht geboten.

In der Zeit von Juli bis September blüht der Beifuß, dann werden die 20 bis 30 cm langen Triebspitzen mit den Blütenrispen abgeschnitten, gebunden und zum Trocknen aufgehängt. Später werden dann die Blütenrispen von den Stängeln gestreift und als Gewürz oder Tee verwendet.

**Inhaltsstoffe:**
- ◆ Bitterstoffe
- ◆ Gerbstoffe
- ◆ ätherische Öle

## Wirkung:

Die ätherischen Öle haben insgesamt eine positive Wirkung auf den Magen-Darmbereich, erhöhen die Gallenproduktion und machen dadurch schweres Essen leichter verdaulich. Hinzu kommt, dass Beifußtee bei Magen-Darmstörungen

(z. B. bei Durchfall) eine desinfizierende und reinigende Wirkung hat. Bei länger andauernden Beschwerden sollte allerdings der Arzt zu Rate gezogen werden.

## Beifuß als Hausmittel:
# Beifuß-Tee

**Zutaten:**
1 TL getrocknetes Beifußkraut
$1/_4$ l Wasser

**Zubereitung:**
① Das Wasser zum Kochen bringen.
② Mit dem kochenden Wasser das trockene Beifußkraut übergießen.
③ Anschließend nur 1 bis 2 Min. ziehen lassen, dann abseihen und ungesüßt trinken.

**Anwendung:**
Der Tee ist zwar bitter, aber er hilft bei Magen-Darmbeschwerden.

**Achtung:**
❗ Während der Schwangerschaft sollte dieser Tee nicht getrunken werden.
● Beifuß-Allergiker sollten ebenfalls grundsätzlich auf diesen Tee verzichten!

# Beifuß Aperitif

**Zutaten:**
2 trockene Zweige Beifuß (Stiel mit Blütenrispen)
1 Fl. Süßwein (z.B. Malaga, Samos) oder Cherry

**Zubereitung:**
① Die Beifußzweige in eine Flasche mit weitem Hals geben und mit dem Wein übergießen.
② Die Flasche 2 bis 3 Tage auf die warme Fensterbank stellen und täglich einmal schütteln.
③ Danach die Beifußzweige entfernen und die Flasche kühl lagern.

**Anwendung:**
Dieser Aperitif fördert die Verdauung. Man sollte jedoch auf den Alkoholgehalt achten!

## Beifuß – Verwendung als Gewürz:

Beifuß ist das klassische Gänsebratengewürz, darum heißt er im Volksmund auch „Gänsekraut". Beifuß macht aber auch andere fette Speisen bekömmlicher, z. B. Schweinebraten, Entenbraten, Schmalzbrote oder Aal. Fette Speisen sollten aus gesundheitlichen Gründen nur selten verzehrt werden, doch wenn sie gelegentlich auf den Tisch kommen, würzt man sie mit Beifuß, um die Produktion der Verdauungssäfte zu mobilisieren. Allerdings sollte man ihn vorsichtig dosieren, da das Gewürz sehr dominert. Beifuß wird stets getrocknet verwendet und zur Aromatisierung mitgekocht.

# Apfel-Schinken-Brotaufstrich mit Beifuß

## Zubereitung:

① Äpfel schälen und schneiden.
② Den Schinkenspeck und die Zwiebeln würfeln.
③ Den gewürfelten Schinkenspeck in der Pfanne anbraten.
④ Später die gehackten Zwiebeln dazugeben und andünsten.
⑤ Die geschnittenen Äpfel unterrühren, zudecken, 5 bis 10 Min. garen lassen und nur ab und zu umwenden.
⑥ Alles mit Beifuß, Majoran, Thymian, Salz und Pfeffer abschmecken.

## Beilage:

Dieser pikante Brotaufstrich kann warm oder kalt auf Graubrot oder Vollkornbrot gegessen werden.

**Zutaten:**

1 kg Apfel (kann auch Fallobst sein)
100 g durchwachsenen, geräucherten Schinkenspeck
1 bis 2 gehackte Zwiebeln
1 Pr. getrockneten Beifuß
1 Pr. getrockneten Majoran
1 Pr. getrockneten Thymian, etwas Salz
etwas Pfeffer

## Kurzinfo

| | |
|---|---|
| **Herkunft:** | Mittelmeerraum |
| **Standort:** | Sonne |
| **Familie:** | Lippenblütler |
| **Kultur:** | mehrjähriger Halbstrauch |
| **Blütezeit:** | Juni bis August |
| **Höhe:** | 30 cm |
| **Ernte:** | frische Blätter: lfd. |
| | zum Trocknen: vor und |
| | während der Blüte |
| **Verwendung:** | W = Würzpflanze |
| | H = Heilpflanze |

*Inhaltsstoffe:*
- *ätherisches Öl*
- *Gerbstoffe*
- *Bitterstoffe*

# Bergbohnenkraut (Saturea montana)
### Klassiker für Hülsenfrüchte

### Beschreibung:

Bohnenkraut gehört zur Familie der Lippenblütler und gedeiht am besten an einem sonnigen Standort. Man unterscheidet zwischen dem einjährigen Bohnenkraut (Saturea hortensis) und dem mehrjährigen Bergbohnenkraut Saturea montana. Das einjährige Kraut wird ab April/Mai ausgesät. Als Lichtkeimer dürfen die Samen nicht mit Erde bedeckt werden.

Das Aussäen von einjährigem Bohnenkraut lohnt sich kaum, da fast jede Kräutergärtnerei das mehrjährige, winterharte Bergbohnenkraut im Sortiment führt. 2 bis 3 Pflanzen pro Haushalt genügen. Später kann man die Pflanze selbst vermehren. Ein weiterer Vorteil ist, dass das frische Kraut schon im Frühjahr aus dem verholzten Wurzelstock austreibt und laufend als frisches Gewürz verwendet werden kann. Für die Vorratshaltung und Teezubereitung erntet man Bohnenkraut kurz vor oder während der Blüte.

**Wirkung:**
Bohnenkraut ist gut gegen Blähungen und Gärungsprozesse im Magen-Darmbereich. Zudem lässt sich aus Bohnenkraut auch ein Hustentee zubereiten. Mischt man den mit Fenchelsamen, schmeckt er lieblich.

**Tipp:** Bohnenkraut eignet sich zum Aromatisieren von herzhaften Speisen.

# Bohnenkraut als Hausmittel

## Bohnenkrauttee

**Zubereitung:**
1. Das Wasser zum Kochen bringen.
2. Das getrocknete Bohnenkraut mit dem getrockneten Fenchelsamen mischen und mit dem kochenden Wasser überbrühen.
3. Alles 10 Min. ziehen lassen und dann abseihen.

**Zutaten:**
für 1 Tasse
1 bis 2 TL Bohnenkraut und
    Fenchel-Teemischung
$1/4$ l Wasser

**Anwendung:**
Den Tee schluckweise warm trinken. Er hilft gegen Husten und Blähungen

# Bohnenkraut als Gewürz:

Bohnenkraut schmeckt würzig pfeffrig und hat deshalb auch den Beinamen „Pfefferkraut". Es ist das klassische Gewürz für Hülsenfrüchte und kann mitgekocht werden. Bohnenkraut passt auch gut zu deftigen Fleischgerichten, Bratkartoffeln, Gemüseeintöpfen und Kräuterölen.
Bohnenkraut hat ein sehr intensives Aroma, man sollte es sparsam dosieren!

**Zutaten:**
1 Sträußchen getrocknetes
    Bohnenkraut
2 EL getrockneter Dost
    oder Majoran
2 geschälte Knoblauchzehen
1 EL Pfefferkörner
1 EL Senfkörner
2 Lorbeerblätter
1 l gutes Pflanzenöl

## Bohnenkraut-Würzöl

**Zubereitung:**
1. Die Zutaten auf 2 Schraubverschluss-Flaschen verteilen.
**Tipp:** Für das Würzöl nur getrocknete Kräuter verwenden, sie schimmeln nicht und können in der Flasche bleiben.
2. Dann die Flaschen mit dem Öl auffüllen.
3. Die verschlossenen Flaschen 2 bis 3 Wochen an einen warmen Ort stellen und gelegentlich schütteln.
4. Danach müssen die Flaschen kühl und dunkel (!) aufbewahrt werden.

**Lagerung:**
Innerhalb von 3 bis 4 Monaten sollten die dunkel gelagerten Flaschen verwertet werden. Hübsch verpackt auch gut zum Verschenken.

## Kurzinfo

| | |
|---|---|
| **Herkunft:** | Mittelmeergebiet |
| **Standort:** | Sonne |
| | Halbschatten |
| **Familie:** | Raublattgewächs |
| **Kultur:** | einjährig |
| **Blütezeit:** | Mai bis September |
| **Höhe:** | 60 cm |
| **Ernte:** | junge zarte Blätter: lfd. |
| | Blüten: Frühjahr bis Herbst |
| **Verwendung:** | W = Würzpflanze |
| | H = Heilpflanze |

*Inhaltsstoffe:*
- ◆ *Schleimstoffe*
- ◆ *Gerbstoffe*
- ◆ *Saponine*
- ◆ *Kalium*
- ◆ *Calcium*

# Borretsch (Borago officinalis)
Himmelblaue Blütenpracht

### Beschreibung:
Borretsch, auch Gurkenkraut genannt, ist einjährig und schnellwüchsig. Die Aussaat erfolgt ab April in Folgesaat. Da es sich um einen Dunkelkeimer handelt, muss der Samen gut mit Erde bedeckt sein. Borretsch bevorzugt einen nährstoffreichen, feuchten Boden und sät sich auch selbst aus. Die dekorative Pflanze mit ihren himmelblauen Sternblüten ist eine gute Bienenweide und gehört zur Familie Raublattgewächse. Charakteristisch sind die borstigen Haare an großen Blättern und Stängeln.

### Wirkung:
Borretsch gilt als stoffwechselanregend, harntreibend, entzündungshemmend, stimmungsaufhellend und herzstärkend. Daher trägt er den Beinamen „Wohlgemutsblume" oder „Herzfreude".

# Borretsch als Hausmittel:

# Borretschsirup

**Zutaten:**
200 g frische Borretschblätter
und Blüten
1/4 l Wasser
etwas Zucker
Saft einer Zitrone

**Zubereitung:**

① Die frischen Borretschblätter und Blüten waschen, schneiden und mit dem Mixer pürieren.
② Die Masse durch ein Sieb gießen und die Pflanzenreste ausdrücken.
③ Die Flüssigkeit abmessen und die gleiche Menge Zucker zusammen mit dem Zitronensaft dazugeben.
④ Alles mit dem Schneebesen umrühren und langsam zu Sirup einkochen.
⑤ Zwischendurch immer wieder mit einem Schaumlöffel abschäumen.
⑥ Sobald der Sirup Fäden zieht, wird er noch heiß durch ein feines Sieb gegossen und in saubere Schraubflaschen gefüllt.

**Anwendung:**
Von dem Borretschsirup zwei- bis dreimal täglich einen Teelöffel voll nehmen.

## Borretsch – Verwertung als Gewürz

Man erntet nur die ganz jungen zarten Blätter. Ihr würzig frisches, gurkenähnliches Aroma passt sehr gut zu Gurken, aber auch zu grünen Salaten, Kartoffelsalat, Fisch-, Quark- und Eierspeisen, Dips, kalten Suppen und Soßen. Borretsch ist u. a. ein wichtiger Bestandteil der „Grünen Soße".
Junge zarte Borretschblätter stets frisch und fein gehackt an die fertigen Speisen geben. Alte Blätter sollten wegen der rauen Borstenhaare nicht verwendet werden. Borretschblätter eignen sich nicht zum Trocknen und sollten niemals mitkochen!
Mit Borretschblüten können Salate, kalte Platten und sogar Erfrischungsgetränke angerichtet und dekoriert werden. Zudem lässt sich aus ihnen Kräuteressig herstellen.

# Borretsch-Dip

**Zutaten:**

1 Bund Borretsch
einige Borretschblüten
1 kleine Salatgurke
1 Knoblauchzehe
2 Becher Vollmilch-Joghurt
  (300 g)
etwas Salz
etwas Pfeffer aus der Mühle

**Zubereitung:**

① Die Gurke waschen und fein raspeln.
② Den Borretsch waschen und – bis auf einige Blätter – zerhacken.
③ Gurke und Borretsch mit Joghurt mischen.
④ Dann mit Salz und Pfeffer abschmecken.
⑤ In einer Glasschüssel anrichten und mit Borretschblättern und -blüten dekorieren.

**Beilage:**

Borretsch-Dip passt gut zu Pellkartoffeln oder gebratenen Frikadellen.

**Tipp:** »Himmelblaue Eisblüten« Borretschblüten in Eiswürfelbehälter geben. Mineralwasser auffüllen – einfrieren. Die Eiswürfel ins Trinkglas von Erfrischungsgetränken geben.

# Borretsch-Blütenessig

**Zutaten:**

2 bis 3 Tassen frische
  Borretschblüten
einige zarte Blätter
1 Fl. Weißweinessig

**Zubereitung:**

① Die Blüten in eine Flasche mit weitem Hals geben.
② Mit Essig auffüllen.
③ Den Ansatz 3 Wochen auf die sonnige Fensterbank stellen.
④ Dann abseihen.
⑤ Anschließend noch einmal durch einen Kaffeefilter gießen, damit auch die feinen Härchen entfernt werden.

**Beilage:**

Der Essig passt hervorragend zu Blatt- und Gurkensalat.

## Kurzinfo

| | |
|---|---|
| **Herkunft:** | Asien |
| **Standort:** | Pflanze: Sonne |
| | Wurzelbereich: |
| | feucht und schattig |
| **Familie:** | Doldenblütler |
| **Kultur:** | einjährig, sät sich selbst aus |
| **Blütezeit:** | Juli bis September |
| **Höhe:** | 120 cm |
| **Ernte:** | frisches Kraut: lfd. |
| | Dolden: zum Einlegen von |
| | Gurken |
| | Früchte zum Trocknen: |
| | nach der Fruchtreife |
| **Verwendung:** | W = Würzpflanze |
| | H = Heilpflanze |

*Inhaltsstoffe:*
- *Carvon (ätherisches Öl)*

*Reich an:*
- *Kalium*
- *Calcium*
- *Vitaminen*

*(100 g Frischgewicht haben einen Vitamin-C-Gehalt von 199 mg).*

# Dill (Anethum graveolens)

Macht den Magen still

## Beschreibung:

Dill ist eine sehr aromatische Würzpflanze und gehört zur Familie der Doldenblütler. Er ist einjährig und kann bis zu 120 cm hoch werden. Im Garten braucht er einen windgeschützten, sonnigen Standort und viel Feuchtigkeit im Wurzelbereich. Darum eignet sich Dill auch gut zur Mischkultur mit Gurken, Salat und Zwiebeln. Man sollte ihn jedoch nicht mehrere Jahre auf der gleichen Stelle anbauen. Wenn er sich im Garten wohl fühlt, sät er sich von selbst aus und kommt jedes Jahr wieder.

## Verwechslungsgefahr:

Dill kann leicht mit giftigen Doldenblütlern verwechselt werden. Darum nie ähnlich aussehende Pflanzen in der freien Natur sammeln!

**Wirkung:**
Carvon hat eine verdauungsfördernde und krampflösende Wirkung.

## Dill als Hausmittel:

# Dillsamen-Tee

**Zubereitung:**

① Den Dillsamen im Mörser zerstoßen.
② Das Wasser zum Kochen bringen.
③ Die zerstoßenen Samen mit dem kochenden Wasser überbrühen.
④ 10 Min. ziehen lassen und dann abgießen.
⑤ Ggf. mit Honig süßen.

**Zutaten:**
1 TL Dillsamen
1 Tasse Wasser
Honig

**Anwendung:**
Über den Tag verteilt 3 Tassen Dillsamen-Tee schluckweise trinken, wirkt gut gegen Verdauungsstörungen, Blähungen und Schlafstörungen. Zudem hat der Tee eine beruhigende Wirkung.

## Dill – Verwendung als Gewürz

Das frische Dillkraut eignet sich besonders zum Würzen von Blattsalaten, Gurken, Quarkdip, Kräuterbutter, Fischgerichten und Eierspeisen. Dill gehört auch unbedingt in die „Frankfurter grüne Soße".
Frisches Dillkraut darf nicht mitgekocht werden! Bei warmen Speisen wird es an das fertige Gericht gegeben. Die Samendolden hingegen können mitgekocht werden. Sie verwendet man zum Einlegen von Gurken und für Kräuteressig.
Dillkraut eignet sich nicht zum Trocknen, aber wohl zum Einfrieren.

# Frankfurter grüne Soße

**Zutaten:**

2 Becher Saure Sahne (300 g)
1 Becher Joghurt (150 g)
1 Zwiebel
etwas Salz
etwas Pfeffer
1 Prise Zucker
1 TL Senf
Saft einer Zitrone
3 frische Eier
9 EL fein gehackte Kräuter,
z.B.: Borretsch, Dill, Estragon,
     Kerbel, Pimpinelle,
     Petersilie, Sauerampfer,
     Schnittlauch,
     Zitronenmelisse

**Zubereitung:**

① Saure Sahne und Joghurt verrühren.
② Die Zwiebel schälen, fein reiben und unter die Joghurt-Sahne rühren.
③ Salz, Pfeffer, evtl. Zucker, Senf und Zitronensaft zur Soße geben.
④ Die Eier hart kochen, sehr klein hacken und zusammen mit den fein geschnittenen Kräutern untermengen.

**Beilage:**

Die Frankfurter grüne Soße passt gut zu Kartoffeln, Fisch und Rindfleisch.

# Blattsalat mit Kräuter-Dill-Marinade

**Zutaten:**

1 Kopfsalat
2 Becher Vollmilch-Joghurt
   (3,5 % Fett)
4 EL fein gehackte Kräuter, je
   nach Jahreszeit z. B.:
   Dill, Petersilie, Estragon,
   Schnittlauch
1 EL Keimöl
1 Pr. Salz
1 Pr. Zucker
Saft einer Zitrone

**Zubereitung:**

① Kopfsalat gründlich waschen, zerteilen, abtropfen lassen.
② Kräuter fein hacken.
③ Die Salatblätter auf Portionstellern anrichten.
④ Joghurt mit allen übrigen Zutaten zu einer Marinade verrühren und abschmecken.
⑤ Diese Marinade über die Salatblätter geben und sofort servieren.

**Tipp:** An Stelle von Kopfsalat kann jeder andere Blattsalat verwendet werden.

# Dill-Gurken-Kaltschale

Besonders als kleine Mahlzeit an heißen Tagen geeignet.

**Zubereitung:**
1. Die Gurke waschen, schälen, der Länge nach halbieren und in feine Stifte schneiden oder hobeln.
2. Kräuter waschen und fein hacken.
3. Knoblauch durch die Knoblauchpresse drücken.
4. Kefir mit Sahne verquirlen.
5. Alle Zutaten gut mischen sowie mit Salz und Pfeffer abschmecken.
6. Noch eine kurze Weile durchziehen lassen.
7. Vor dem Servieren die Sonnenblumenkerne in einer Pfanne ohne Fett anrösten und warm auf die Kaltschale geben.

**Zutaten:**
1 Salatgurke
4 EL Dill
1 bis 2 Knoblauchzehen
2 EL Zitronensaft
1 EL gehackte Petersilie
1 Becher Kefir, 1,5 % Fettgehalt (500 g)
4 EL süße Sahne
1/2 Tasse Sonnenblumenkerne
etwas Salz
etwas Pfeffer aus der Mühle

# Dill-Essig

**Zubereitung:**
1. Die Dilldolden in eine Flasche mit weitem Hals geben.
2. Die Flaschen mit Essig auffüllen.
3. Die Gefäße 2 bis 3 Wochen stehen lassen, dann ist der Dill-Essig gebrauchsfertig.

**Zutaten:**
3 bis 4 halbreife Dilldolden oder Dillzweige
1 Fl. Weißweinessig

# Hüttenkäse pikant gewürzt

**Zubereitung:**
1. Das Gemüse sehr klein schneiden.
2. Das klein geschnittene Gemüse in den Hüttenkäse mischen.
3. Mit Kräutern und Gewürzen pikant abschmecken.

**Zutaten:**
*Mengen für 1 Person*
100 g Hüttenkäse
100 g Gemüse, z. B. Radieschen, Tomaten, Gurken, Paprikaschoten
2 EL frische Kräuter, z. B. Dill, Schnittlauch Pimpinelle
etwas getrocknetes Basilikum
1 Spritzer Tabasco

## Kurzinfo

| | |
|---|---|
| **Herkunft:** | Asien |
| **Standort:** | Sonne |
| | Halbschatten |
| **Familie:** | Korbblütler |
| **Kultur:** | mehrjährig |
| **Blütezeit:** | Juli bis August |
| **Höhe:** | 60 bis 150 cm |
| **Ernte:** | frische Blätter: |
| | vor der Blüte |
| **Verwendung:** | W = Würzpflanze |

*Inhaltsstoffe:*
- *ätherische Öle*
- *Gerbstoffe*
- *Bitterstoffe*

*wichtige Mineralstoffe,*
*z.B.:*
- *Kalium*
- *Calcium*
- *Magnesium*

# Estragon (Artemisia dracunculus)
## Mineralstoff-Spender

### Beschreibung:

Estragon ist eine mehrjährige Pflanze. Es gibt davon zwei Sorten: den robusten, russischen Estragon, mit herbem und bitterem Aroma und den deutschen Estragon, der empfindlicher ist, aber auch aromatischer und feinwürziger schmeckt. Der deutsche Estragon wird in der Küche bevorzugt verwendet.

Estragon mag einen nährstoffreichen, feuchten Boden und einen warmen, geschützten Platz. Für den Eigenanbau im Garten besorgt man sich am besten eine Jungpflanze in der Gärtnerei, die dann in späteren Jahren durch die Teilung des Wurzelstockes vermehrt werden kann. Im Winter muss die Estragon-Pflanze mit einem Kälteschutz leicht abgedeckt werden.

## Wirkung:

Die Inhaltsstoffe besitzen eine appetitanregende, verdauungsfördernde und harntreibende Wirkung. Durch seine Mineralstoffe ist Estragon gut für Knochen und Muskeln, insbesondere das Herz.

## Estragon – Verwendung als Gewürz:

Frische Estragonblätter eignen sich besonders gut zum Würzen von Blatt- und Tomatensalat, Eierspeisen, Spargel, Champignons, Blumenkohl, hellem Fleisch, Fisch, Geflügel, Kräuterbutter und ganz besonders für Kräuteressige und die berühmte „Frankfurter grüne Soße".

Estragon wird grundsätzlich sparsam verwendet, da er sonst den Eigengeschmack eines Gerichtes oder das Aroma anderer Gewürze überdeckt.

# Estragon-Nudeln
## mit gebratenen Champignons

### Zubereitung:

① Die Nudeln in reichlich Salzwasser bissfest kochen, kalt abbrausen und in einem Sieb abtropfen lassen.

② Inzwischen in einer Pfanne die Champignons in Butter dünsten und leicht anbraten.

③ Anschließend salzen sowie den Saft der Zitrone und die gehackte Petersilie dazugeben.

④ Dann die zerkleinerten Knoblauchzehen in einem Topf in Olivenöl kurz andünsten.

⑤ Die gekochten Nudeln und den gehackten Estragon auch ins Olivenöl geben.

⑥ Alles mit Salz und Pfeffer abschmecken.

### Zutaten:

400 g Spiralnudeln (Hartweizen)
400 g frische gesäuberte Champignons
3 bis 4 EL gehackte frische Estragonblätter
1 bis 2 Knoblauchzehen
Saft einer Zitrone
1 Sträußchen Petersilie
3 bis 4 EL Olivenöl
20 g Butter
etwas Salz
etwas Pfeffer

### Servieren:

Die Champignons auf den heißen Nudeln anrichten.

### Beilage:

Dazu passt Tomatensoße.

# Estragon-Essig

**Zutaten:**
1 Fl. Weißwein-Essig
2 bis 3 frische
   Estragonstiele
einige Zitronenmelissen-
   blätter
einige Zweiglein Dill

**Zubereitung:**
① Die Kräuter waschen, abtupfen und in eine weithalsige
   Flasche geben.
② Den Essig zugießen, sodass alle Kräuter bedeckt sind.
③ Die Flasche(n) drei Wochen auf einer sonnigen Fensterbank stehen und ziehen lassen.
④ Danach die Flüssigkeit abseihen und in neue bzw. gerei-
   nigte Flaschen füllen.

**Beilage:**
Der würzige Essig ist sehr vielseitig. Er eignet sich für viele
Salate.

# Salat-Dressing mit Estragon

**Zutaten:**
125 ml Buttermilch
2 EL Schmand oder
   Vollmilchjoghurt (3,5 %)
2 bis 3 EL gehackten frischen
   Estragon
1 EL Dill
1 EL Zitronenmelisse
1 EL Borretsch
1 kleine gehackte Zwiebel
etwas Salz
etwas Pfeffer

**Zubereitung:**
① Alle Zutaten gut verrühren und mit Pfeffer und Salz
   abschmecken.

**Tipp:** Dieses Dressing passt gut zu Kopfsalat, Gurkensalat,
   Kohlrabi- und Radieschensalat und zu Chinakohl.

② Den Salat waschen, zupfen oder schneiden.
③ Das Dressing über den frischen Salat geben.

# Estragon-Rührei

**Zutaten:**
4 frische Eier
4 EL Wasser
2 EL frisch gehackte
   Estragonblätter
2 EL Petersilie
Butter zum Braten
etwas Salz
etwas Pfeffer
etwas geriebene Muskatnuss

**Zubereitung:**
① Die Eier mit dem Wasser kurz verschlagen.
② Mit den Kräutern und Gewürzen abschmecken.
③ Butter in einer Pfanne erhitzen.
④ Die Eiermasse in die heiße Pfanne geben und ab und zu
   durchrühren, sodass ein zartes Rührei entsteht.
⑤ Ggf. vor dem Anrichten Parmesankäse darüber streuen.

## Kurzinfo

**Herkunft:** Südeuropa
**Standort:** Sonne
Halbschatten
**Familie:** Doldenblütler
**Kultur:** einjährig
**Blütezeit:** Mai bis Juli
**Höhe:** 80 cm
**Ernte:** junge Triebspitzen: lfd.
Blätter: lfd.
**Verwendung:** W = Würzpflanze
H = Heilpflanze

*Inhaltsstoffe:*
- *ätherische Öle*
- *Mineralstoffe*
- *Vitamine (besonders Vitamin A und Vitamin C (245 mg Vitamin C auf 100 g Frischgewicht)*

# Gartenkerbel (Anthriscus cerefolium)
### Bruder der Petersilie

### Beschreibung:

Der Kerbel, ein Doldenblütler, wird kulturmäßig angebaut und ist eng mit der Petersilie verwandt.

Gartenkerbel ist einjährig, unempfindlich und kann bereits im März, wenn sich der Boden etwas erwärmt hat, im Freiland gesät werden. Bis zur Blütenbildung können die Zweige geerntet werden. Kerbelliebhaber können alle 14 Tage eine Folgesaat durchführen, dann steht immer frisches Grün zur Verfügung. In Schalen und Kästen gedeiht Kerbel gut, es muss nur für genügend Feuchtigkeit gesorgt werden. Auch Gemüsegeschäfte und Wochenmärkte bieten oft frischen Kerbel an.

### Verwechslungsgefahr:

Niemals Kerbel in der freien Natur sammeln, denn es könnte der giftige Schierling sein, beide Doldenblütler sehen sich sehr ähnlich!

**Wirkung:**

Kerbel gehört zu den wichtigsten Vitaminspendern im Frühling. Er gilt als verdauungsfördernd, blutreinigend und harntreibend, daher ist er auch für die Frühjahrskur geeignet.

## Kerbel als Hausmittel:

# Kerbel-Tee

### Zubereitung:
① Das Kerbelgrün klein schneiden.
② Das Wasser zum Kochen bringen und damit das Kerbelgrün überbrühen.
③ 10 Min. ziehen lassen und abseihen.

### Anwendung:
Täglich drei- bis viermal eine volle Tasse trinken. Der Tee wirkt harntreibend, blutreinigend und fördert die Verdauung.

**Zutaten:**
10 g frisches Kerbelgrün
1 Tasse Wasser

## Kerbel – Verwendung als Gewürz

Die feinen, würzigen Blätter und zarten Stängel passen zu Quark, Salaten, Suppen, Kräuterbutter, Kräuteressig und Feingemüse, wie z. B. junge Karotten, Omelettes, Fisch, Tomaten sowie Soßen (z. B. „Frankfurter grüne Soße").

Kerbel ist Bestandteil der „fines herbes" der französischen Küche. Als Sologewürz kann Kerbel reichlich verwendet werden, eine ideale Ergänzung ist er auch zu Schnittlauch und Estragon. Mit dominanten Kräutern, wie z. B. Beifuß, Thymian, Rosmarin und Maggikraut, harmoniert er nicht. Kerbel sollte nicht mitgekocht werden. Auch zum Trocknen eignet er sich nicht. Für die Vorratshaltung empfiehlt sich das Einfrieren.

# Kerbel-Kresse-Quark

**Zutaten:**

500 g Speisequark
$1/8$ l Milch
1 Zwiebel
1 Bund Kerbel
1 Bund Kresse
etwas Salz
etwas Pfeffer aus der Mühle

**Zubereitung:**

① Den Quark mit der Milch gut verrühren.

**Tipp:** Statt Milch kann auch kohlensäurehaltiges Mineralwasser zum Anrühren des Quarks genommen werden.

② Die Zwiebel fein reiben.
③ Den Kerbel und die Kresse sorgfältig waschen und fein hacken.
④ Zwiebel und Kräuter unter den Quark rühren.
⑤ Alles mit Salz und Pfeffer abschmecken und mit Kräutern garnieren.

**Beilage:**

Dazu schmecken heiße Pellkartoffeln oder Blechkartoffeln.

# Kerbelsuppe

**Zutaten:**

1 l Gemüsebrühe
1 Schalotte
30 g Butter
30 g Mehl
3 EL Weißwein
etwas Salz
100 g frischen Kerbel
3 EL Sahne
1 frisches Eigelb

**Zubereitung:**

① Die Gemüsebrühe zubereiten.
② Die Schalotte fein hacken.
③ Die Butter in einem Topf erhitzen und darin die gehackte Schalotte glasig dünsten.
④ Das Mehl überstäuben, mit der Brühe und dem Wein ablöschen und salzen.

**Tipp:** Anstelle von Kerbel kann auch Petersilie verwendet werden.

⑤ Dann den Kerbel hacken und ebenfalls in den Topf geben.
⑥ Alles einmal aufkochen und vom Herd nehmen.
⑦ Abschließend mit Sahne und Eigelb verquirlen. Keinesfalls mehr kochen!

# Eier in Kerbelsoße

**Zubereitung:**

*Eier:*

① Die Eier hart kochen.

② Anschließend pellen und halbieren.

*Soße:*

① Das Öl in einem Topf erhitzen, das Mehl dazugeben und goldgelb bräunen.

② Dann mit kalter (!) Gemüsebrühe aufgießen, umrühren und aufkochen lassen.

③ Die Sahne und den Zitronensaft dazugeben und mit den Gewürzen abschmecken.

④ Zum Schluss den Kerbel hacken und hinzufügen.

**Servieren:**

Die Eier dekorativ in die Soße legen und alles mit Kerbelblättern garnieren.

**Beilage:**

Dazu passen Kartoffeln.

**Zutaten:**

*Eier:*
4 bis 6 frische Eier

*Soße:*
3 EL Öl
2 EL Mehl
$3/8$ l klare Gemüsebrühe
$1/2$ Becher süße Sahne (100 g)
Saft einer Zitrone
1 Handvoll frischen Kerbel
etwas Salz
etwas Pfeffer
etwas Muskat

# Kerbelbutter

**Zubereitung:**

① Butter mit Salz und Zitronensaft verrühren.

② Den gehackten Kerbel untermischen.

③ Die Butter kalt stellen.

**Beilage:**

Kerbelbutter passt gut zu Fisch und magerem Fleisch. Er kann auch als Brotaufstrich verwendet werden.

**Zutaten:**
250 g Butter
1 TL Salz
Saft einer $1/2$ Zitrone
5 bis 6 EL gehackten frischen Kerbel

## Kurzinfo

**Herkunft:** Europa
**Standort:** sonnig
kalkig
**Familie:** Doldenblütler
**Kultur:** zweijährig
**Blütezeit:** Mai bis Juli im 2. Jahr
**Höhe:** bis 120 cm
**Ernte:** Früchte (Samen):
Juli bis August
junges Kraut: Frühjahr
**Verwendung:** W = Würzpflanze
H = Heilpflanze

*Inhaltsstoffe:*
◆ *ätherische Öle,*
*z. B. Carvon*
◆ *Vitamin C*
*(234 mg auf 100 g*
*Frischgewicht).*

# Kümmel (Carum carvi)

Gegen Blähbauch

## Beschreibung:

Kümmel ist eine der ältesten Würz- und Heilpflanzen in unserem Kulturkreis. Er ist zweijährig, bildet im ersten Jahr eine Blattrosette und im zweiten Jahr blüht und fruchtet er.

Kümmel benötigt einen sonnigen Standort und einen nährstoffreichen, kalkhaltigen Boden. Da er ein Lichtkeimer ist, bedeckt man die Samenkörner beim Aussäen kaum mit Erde. Wenn sich die Pflanze an dem Platz wohl fühlt, wird sie sich später selbst aussäen. Wichtig ist, zu berücksichtigen, dass sich Kümmel nicht mit anderen Doldenblütlern (z. B. Petersilie, Kerbel oder Möhren) in der Nachbarschaft verträgt!

Die Früchte (Samen) des Kümmels erntet man in der Zeit von Juli bis August, noch bevor sie ganz braun sind. Sie werden getrocknet und in Dosen verschlossen aufbewahrt.

Kümmel muss nicht unbedingt selbst angebaut werden. Die Früchte (Samen) gibt es in Apotheken oder auch im Lebensmittelhandel zu kaufen.

**Verwechslungsgefahr:**

**!** Wild wachsenden Kümmel gibt es auf Wiesen (Wiesenkümmel) oder Wegen. Beim Sammeln in der freien Natur sollte man sehr vorsichtig sein, denn Kümmel kann leicht mit anderen Doldenblütlern verwechselt werden!

**Wirkung:**

Kümmel ist neben Anis, Fenchel und Koriander das beste Carminativum (pflanzliches Mittel gegen Blähungen). Es regt die Magensaftsekretion an, fördert die Verdauung, ist gut gegen Völlegefühl und Koliken, wärmt und stärkt den Magen und wirkt krampflösend.

Kümmel macht schwere Speisen bekömmlicher und ist auch für die Galle- und Leberdiät geeignet.

## Kümmel als Hausmittel:

# Kümmel-Tee

**Zubereitung:**
1. Den Kümmel zerstoßen.
2. Das Wasser zum Kochen bringen und über den zerstoßenen Kümmel gießen.
3. 10 Min. ziehen lassen und abseihen.

**Anwendung:**
Bei Blähungen, Magen- und Darm-Beschwerden schluckweise warm trinken.

**Zutaten:**
1 TL Kümmel
1/4 l Wasser

**Tipp:** Anstelle von Kümmel kann auch Anis, Fenchel oder Koriander verwendet werden.

# Kümmel-Milch

**Zubereitung:**
1. Den Kümmel zerstoßen
2. Den zerstoßenen Kümmel in einen Topf geben und die kalte Milch hinzugeben.
3. Beides aufkochen, 10 Min. ziehen lassen und abseihen.

**Anwendung:**
Bei Blähungen, Magen- und Darmbeschwerden schluckweise trinken.

**Zutaten:**
1 TL zerstoßenen Kümmel
1 Tasse Milch

## Kümmel – Verwendung als Gewürz

In der Küche werden hauptsächlich die Kümmelfrüchte (Samenkörner) verwendet. Kümmel sollte erst unmittelbar vor dem Verbrauch im Mörser zerdrückt oder in der Mühle gemahlen werden, weil sonst die wertvollen ätherischen Öle verloren gehen. Selbstverständlich können auch ganze Kümmelkörner mitgekocht werden. Wer nicht gerne ganze Körner kaut, sollte sie in ein Säckchen füllen, mitkochen und vor dem Anrichten entfernen.

Kümmel verwendet man zum Würzen von Kohl- und Sauerkrautgerichten, Schweinebraten, Zwiebelkuchen, Zwiebelsuppen, Kartoffeln, Käse, Quark, Soßen, Rote Bete, Brot, Brötchen und zur Likörherstellung.

Auch das zarte Kümmelkraut ist essbar. Es kann für Salate und Gemüse verwendet werden.

Kümmel sollte grundsätzlich sparsam dosiert werden, da er ein dominantes Gewürz ist. Er duldet neben Salz und Pfeffer kaum ein anderes Gewürz.

Eine interessante Alternative zum Kümmel ist der Kreuzkümmel, er stammt ursprünglich aus Asien und ist bei uns weniger bekannt.

**Tipp:** Eine interessante Alternative zum Kümmel ist der Kreuzkümmel, er stammt ursprünglich aus Asien und ist bei uns weniger bekannt.

# Ofenkartoffeln mit Kümmel und Majoran

**Zutaten:**

*pro Person*
3 bis 4 mittelgroße Kartoffeln frisch von der neuen Ernte
Kümmel nach Bedarf
frischen oder getrockneten Majoran
etwas Öl

**Zubereitung:**

① Die Kartoffeln gut waschen, abbürsten, abtrocknen und halbieren.
② Die Schalenseite der Kartoffeln kreuzweise einschneiden, mit Öl bepinseln und mit Kümmel bestreuen.
③ Nun wird ein Backblech eingeölt.
④ Die Kartoffeln mit der Schnittfläche nach unten auf das geölte Backblech legen.
⑤ Die Kartoffel-Hälften im vorgeheizten Ofen bei Mittelhitze ca. 30 bis 40 Min. backen, bis sie knusprig sind.
⑥ Danach werden sie – falls vorhanden – mit frischem Majoran bestreut.

**Servieren:**
Die Ofenkartoffeln werden mit der knusprigen Schale gegessen.

**Beilagen:**
Kümmel-Ofenkartoffeln schmecken sehr gut zu Quarkgerichten, Salaten und Rohkost.
Im Harz heißt diese Spezialität „Röst-Knieste".

# Harzer Käse-Tatar mit Kümmel

## Zubereitung:
① Die Eier hart kochen, und das Eigelb entnehmen.
② Den Käse und das Eigelb mit einer Gabel zerdrücken.
③ Die Butter untermischen.
④ Die Zwiebeln fein hacken und dazugeben.
⑤ Den Kümmel im Mörser zerstoßen und mit Paprikapulver unter die Käse-Butter-Masse rühren.

## Servieren:
Das Käse-Tatar auf einem rustikalen Holzbrett anrichten und mit ganzem Kümmel bestreuen. Dazu herzhaftes Bauernbrot oder kerniges Vollkornbrot servieren.

**Zutaten:**
2 frische Eier
250 g reifen Harzer Käse
  (oder Handkäse)
60 g Butter
2 Zwiebeln
2 TL Kümmel
1 Msp. Paprikapulver

# Käse-Rührei mit Kümmel

## Zubereitung:
① Den Kümmel im Mörser zerreiben.
② Die Eier mit Milch, Salz, Pfeffer und dem Kümmel verquirlen.
③ Dann den Käse grob reiben und dazugeben.
④ Die Butter in einer Pfanne erhitzen, die Eimasse dazugeben, kurz stocken lassen und umrühren.

## Servieren:
Das Kümmel-Käse-Rührei mit Schnittlauch servieren. Dazu passt Vollkornbrot.

**Zutaten:**
4 frische Eier
2 EL Milch
100 g Käse (Gouda)
1 Pr. Salz
etwas Pfeffer aus der Mühle
20 bis 30 g Butter
1 TL Kümmel
ggf. Schnittlauch

## Kurzinfo

| | |
|---|---|
| **Herkunft:** | Zentralasien |
| **Standort:** | Sonne |
| **Familie:** | Liliengewächse |
| **Kultur:** | zweijährig |
| **Blütezeit:** | Juli/August im 2. Jahr |
| **Höhe:** | 60 cm |
| **Ernte:** | frische Schlotten: lfd. Knoblauchzwiebeln: September/Oktober |
| **Verwendung:** | W = Würzpflanze H = Heilpflanze |

*Inhaltsstoffe:*

- ◆ *Schwefelhaltige, ätherische Öle*
- - *z.B. Allicin*
- ◆ *Vitamin A*
- ◆ *Vitamin $B_1$*
- ◆ *Vitamin C*
- ◆ *Fermente*
- ◆ *Hormone*

*Der Hauptwirkstoff Allicin ist in der rohen Knoblauchzehe als Vorstufe enthalten. Erst beim Verzehr oder der Verarbeitung entstehen mit Hilfe eines Enzyms das Allicin und die Polysulfide. Diese Substanzen sind nicht nur für den typischen Knoblauchgeruch verantwortlich, sondern auch für die gesundheitliche Bedeutung des Knoblauchs überhaupt.*

# Knoblauch (Allium sativum)

Stärkt und stinkt

## Beschreibung:

Knoblauch gehört zur Familie der Liliengewächse und ist verwandt mit Bärlauch und Zwiebeln.

Knoblauchzwiebeln sind ganzjährig im Gemüsehandel erhältlich, man sollte beim Kauf darauf achten, dass die Zehen noch prall sind und keinen grünen Keil austreiben.

Wer Knoblauch gerne selbst anbauen möchte, kann im Herbst oder im Frühjahr die Zehen in die Erde setzen, aus jeder Zehe entsteht eine neue Hauptzwiebel mit vielen Nebenzwiebeln (Knoblauchzehen). Für den Eigenanbau sollte die Sorte „Thüringer" verwendet werden, eine Sorte, die für unser Klima geeignet ist.

Der Knoblauch liebt einen sonnigen Standort mit lockerem, nicht zu feuchtem Boden. Er blüht in den Monaten Juli und August. Sobald die Blätter dürr werden, nimmt man die Knoblauchzwiebeln aus der Erde, lässt sie abtrocknen und hängt sie dann zu einem Zopf geflochten auf.

## Wirkung:

Knoblauch stärkt das Immunsystem und hat eine antibiotische Wirkung. Er beeinflusst die Blutfettwerte positiv, reguliert den Blutdruck, verbessert die Fließfähigkeit des Blutes und beugt den Alterungsprozessen der Gefäßsysteme vor. Er regt außerdem die Verdauung an und ist gut gegen Gärungsprozesse im Darm. Damit Knoblauch seine therapeutische Wirkung entfalten kann, sollten täglich 1 bis 2 Knoblauchzehen gegessen werden. Nachhaltig ist der Geruch.

*»Knoblauch macht alt – aber einsam«*

Altes Sprichwort

## Knoblauch als Hausmittel

# Knoblauch-Elixier

### Zubereitung:
1. Die Zitronen heiß waschen und mit der Schale klein schneiden.
2. Die Knoblauchzehen schälen und mit den Zitronen und dem Wasser in den Mixer geben, um alles fein zu pürieren.
3. Anschließend in einen Kochtopf füllen, einmal aufkochen lassen und abseihen.
4. Das Knoblauch-Elixier in eine Flasche füllen und kühl stellen.

**Zutaten:**
15 geschälte Knoblauchzehen
2 ungespritzte Naturzitronen
1/2 l Wasser

### Anwendung:
Kurmäßig drei Wochen lang täglich vor oder nach der Hauptmahlzeit ein Schnapsgläschen voll trinken. Das Elixier stärkt die körpereigene Abwehr und ist gut für das Gefäßsystem und die Durchblutung.

# Knoblauch-Tinktur

### Zubereitung:
1. Den Knoblauch schälen und würfeln.
2. Knoblauch und Korn in eine Flasche geben, die dann gut verschlossen wird.
3. Die verschlossenen Flaschen 14 Tage in die Sonne oder auf die warme Fensterbank stellen. Täglich einmal schütteln.
4. Danach abseihen.

**Zutaten:**
125 g frische Knoblauchzehen
1/2 l Klaren Korn (38 %)

**Anwendung:**

Kurmäßig täglich 10 bis 20 Tropfen einnehmen. Die Tinktur hat eine ähnliche Wirkung wie das Knoblauch-Elixier. Alkoholgehalt sollte jedoch beachtet werden!

## Knoblauch – Verwendung als Gewürz

Wegen des Geruchs verzichtet man oft auf Knoblauch als Gewürz. Man sollte ihn jedoch ruhig öfter, allerdings sparsam, zum Würzen benutzen, denn die Speisen schmecken durch ihn interessanter und werden bekömmlicher. Knoblauch passt zu Salaten, Fleischgerichten, Gulasch, Lamm, Fisch, Käse, Kräuterbutter und Quark.

Knoblauch darf nicht zu hoch erhitzt und keinesfalls gebräunt werden, denn dadurch wird er bitter. Es ist ratsam, ihn bei mittlerer Hitze nur goldgelb zu braten. Falls nur ein Hauch von Knoblaucharoma gewünscht wird, reicht es aus, wenn man mit einer halbierten Zehe die Salatschüssel oder den Teller einreibt.

**Tipp:** Wenn in einer Essensgemeinschaft alle knoblauchgewürzte Speisen verzehren, merkt keiner den Geruch! Übrigens mildert frische Petersilie den Knoblauchgeruch!

# Knoblauchbutter
mit Petersilie

**Zutaten:**

125 g Butter
3 bis 4 Knoblauchzehen
1/2 TL Salz
3 EL frische Petersilie

**Zubereitung:**

① Den Knoblauch schälen, mit Salz bestreuen und im Mörser oder in der Knoblauchpresse zerdrücken.
② Die Petersilie fein hacken.
③ Die Butter schaumig rühren.
④ Den Knoblauch und die gehackte Petersilie unter die Butter mischen.
⑤ Die Knoblauchbutter ggf. zu einer Rolle formen, in eine Folie einwickeln und zugedeckt bis zur Verwendung kühl stellen.

**Beilagen:**

Knoblauchbutter passt zu Baguette, Toast, Nudelgerichten, Grillspezialitäten.

# Knoblauchöl zum Würzen

**Zubereitung:**

① Die Knoblauchzehen leicht einritzen und in ein verschließbares Glas füllen.

② Die Zehen mit Olivenöl oder kalt gepresstem Pflanzenöl bedecken.

③ Eine Woche ziehen lassen, dann die Knoblauchzehen entfernen.

**Anwendung:**

Das Öl kann tropfenweise zum Würzen von Salaten und anderen Speisen verwendet werden.

**Zutaten:**

20 frische Knoblauchzehen
Olivenöl oder kalt gepresstes
   Pflanzenöl

# Knoblauch

pikant eingelegt

**Zubereitung:**

① Die Knoblauchzehen schälen.

② Alle Zutaten in einen Topf geben und 3 Min. kochen.

③ Heiß in ein sauberes Schraubglas füllen und kühl stellen.

**Anwendung:**

Jeden Abend 2 bis 3 Zehen zum Abendbrot essen.

**Zutaten:**

4 ganze Knoblauchzwiebeln
$1/8$ l Weinessig
$1/8$ l Wasser
1 bis 2 TL Zucker
1 Lorbeerblatt
4 Wacholderbeeren
2 Nelken
1 Zweig Thymian oder Rosmarin
1 grüne Peperoni
$1/2$ TL Salz

## Kurzinfo

| | |
|---|---|
| Herkunft: | Nordafrika |
| Standort: | Schatten |
| Familie: | Kreuzblütler |
| Kultur: | einjährig |
| Blütezeit: | ab Mai |
| Höhe: | bis 50 cm |
| Ernte: | frische Blätter: vor der Blüte |
| | Triebspitzen: vor der Blüte |
| Verwendung: | W = Würzpflanze |
| | H = Heilpflanze |

*Inhaltsstoffe:*
- *Eisen*
- *Carotinoide*
- *Schwefel*
- *Bitterstoffe*
- *ätherische Öle*
- *Senfölglykosid.*
- *Vitamin C*

*(241 mg auf 100 g Frischgewicht)*
*im Vergleich zum Kopfsalat (13 mg Vitamin C / 100 g Frischgewicht) die 18fache Menge!*

# Kresse (Lipidium sativum)
## Fitmacher im Frühling

### Beschreibung:

Die Kresse, auch Gartenkresse genannt, ist eine einjährige Pflanze und gehört zur Familie der Kreuzblütler.

Sie bevorzugt im Garten einen humusreichen Boden und einen schattigen Standort. Brunnenkresse wächst wild an sauberen Bächen und Quellen und ist nur noch selten anzutreffen.

Die anspruchslose Pflanze kann auch in Fensterbank-Töpfen eingesät werden. Dadurch gelingt es, selbst im Winter ein „Kressegärtlein" anzulegen und die Mahlzeiten mit frischem Grün zu würzen.

## Kresse als Hausmittel

Täglich frische Kresse zu essen ist das beste und natürlichste Hausmittel, es wirkt vorbeugend und stärkt das Immunsystem.

## Kresse – Verwendung als Gewürz

Gartenkresse schmeckt leicht scharf und rettichartig und ist vielseitig verwendbar. Sie passt zu Salaten, Eierspeisen, Quark, Suppen, kalten Braten, „Grünen Soßen", Fisch- und Spargelgerichten, Kräuterbutter, Tomaten und zum Dekorieren von kalten Platten und Butterbroten.
Kresse darf nie mitgekocht werden! Man sollte sie erst kurz vor dem Servieren an die Speisen geben.
Kresse eignet sich zum Einfrieren – aber nicht zum Trocknen!

# Kresse-Avocado-Brotaufstrich

**Zubereitung:**
① Die Avocado aufschneiden, den Kern entfernen und das Fruchtfleisch mit einem Löffel herausschälen.
② Den Zitronensaft, Senf und Meerrettich zum Avocado-Fruchtfleisch geben und mit einer Gabel zerdrücken.
③ Die Gurke und die Zwiebel fein hacken und ebenfalls untermischen.
④ Alles mit Salz und Pfeffer abschmecken.
⑤ Die Kresse mit einer Schere abschneiden, waschen, eventuell zerkleinern und dem Brotaufstrich beifügen.
⑥ Auf Vollkornbrot streichen und servieren.

**Zutaten:**
1 Schälchen Kresse
1 weiche Avocado
1 kl. Zwiebel
1 kl. Essiggurke
1 TL Meerrettich (aus dem Glas)
1 EL Zitronensaft
1 EL mittelscharfen Senf
etwas Salz
etwas Pfeffer aus der Mühle

# Delikate Kressebutter

**Zubereitung:**
① Die Butter schaumig rühren.
② Die Kräuter fein hacken und zur Butter geben.
③ Alles mit Salz abschmecken, ggf. formen und kalt stellen.

**Servieren:**
Diese Kressebutter eignet sich als Brotaufstrich. Zudem passt sie gut zu gekochtem Fisch oder geräuchertem Forellenfilet.

**Zutaten:**
250 g Butter
3 bis 4 EL frische, gehackte Kresse
1 EL frische, gehackte Petersilie
1 EL frischen, gehackten Estragon
Salz zum Abschmecken

# Feine Kresse-Suppe

**Zutaten:**

1 Schälchen frische Kresse

2 EL Mehl (Type 1050)

3 EL gutes Pflanzenöl

1 l Gemüsebrühe (auch
   Instantbrühe geeignet)

1 Zwiebel

1 Msp. Kurkuma
   (Gelbwurzpulver)

2 bis 3 EL saure Sahne

etwas Salz

etwas Pfeffer

**Zubereitung:**

① Die Gemüsebrühe zubereiten und erkalten lassen.

② Die fein gehackte Zwiebel in Öl glasig dünsten und mit Mehl bestäuben.

③ Die kalte Gemüsebrühe mit dem Schneebesen einrühren.

④ Alles 5 bis 10 Min. leicht kochen lassen.

⑤ Mit Salz, Pfeffer und Kurkuma abschmecken.

⑥ Zwischenzeitlich die Kresse kalt abbrausen, mit der Küchenschere abschneiden und zerkleinern.

⑦ Die Suppe vom Herd nehmen und die saure Sahne sowie die Kresse hineinrühren.

⑧ Ggf. Toastbrot in Würfel schneiden und in Butter rösten.

⑨ Die Suppe nach Belieben mit den gerösteten Toastbrotwürfeln bestreuen und unverzüglich servieren.


# Kresse-Spargel-Salat

**Zutaten:**

500 g Spargel

1 Schälchen Kresse

2 Tomaten

1 Zitrone

1 Becher Vollmilch-
   joghurt (3,5%) (150 g)

etwas Salz

etwas Pfeffer

1 Prise Zucker

**Zubereitung:**

① Den Spargel schälen, wie üblich kochen und abtropfen lassen. Falls kein frischer Spargel vorhanden ist, kann auch konservierter Spargel aus dem Glas genommen werden. Hierbei entfällt das Kochen und Salzen, da Konservenware meistens schon ausreichend gesalzen ist.

② Nach dem Abkühlen die Spargelstangen in 2 cm lange Stücke schneiden.

③ Den Joghurt mit Zitronensaft und den Gewürzen verrühren, über den Spargel geben und ca. 20 Min. durchziehen lassen.

④ Inzwischen die Kresse gründlich mit kaltem Wasser abbrausen, dann mit der Schere über den Wurzeln abschneiden und unter den Spargel mischen.

⑤ Den Kresse-Spargel-Salat mit Tomatenscheiben anrichten.

**Servieren:**

Dieser kalorienarme Salat eignet sich auch für ein kaltes Buffet oder einen Brunch.

# Radieschen-Kresse-Cocktail

**Zubereitung:**

① Die Radieschen gründlich waschen und in Scheiben schneiden.

② Die gewaschene und geschnittene Kresse zusammen mit den Radieschen in eine Schüssel geben.

③ Aus Essig, Salz, Pfeffer, Öl und der gewürfelten Zwiebel eine Marinade herstellen. Evtl. mit etwas Wasser verdünnen und über die Radieschen und Kresse gießen.

④ Alles gut mischen.

**Servieren:**

Nach Belieben kann der Cocktail mit einem hart gekochten Ei garniert werden.

**Zutaten:**

2 Bund Radieschen
1 Schälchen Kresse
1 kleine Zwiebel
2 bis 3 EL Weißweinessig
2 EL Sonnenblumenöl
1 Prise Zucker
etwas Salz
etwas frisch gemahlener
   Pfeffer

# Kresse-Champignon-Salat

**Zubereitung:**

① Die Champignons kurz waschen, putzen, in Scheiben schneiden und dann sofort mit etwas Zitronensaft beträufeln, damit sie sich nicht verfärben.

② Die Kresse schneiden und zu den Champignons geben.

③ Aus dem übrigen Zitronensaft, dem Öl und den Gewürzen eine Marinade herstellen.

④ Diese dann über den Salat geben.

⑤ Alles gut mischen und sofort servieren.

**Zutaten:**

500 g frische Champignons
1 Bund Schnittlauch
1 Schälchen Gartenkresse
Saft von 1 bis 2 Zitronen
2 EL Sonnenblumenöl
etwas Salz
1 Prise Zucker
etwas frisch gemahlenen
   Pfeffer

**Tipp:** Der »Kressegarten« auf der Fensterbank.
Die Kresse ist so anspruchslos, dass sie zum Wachsen im Keimblattstadium nicht einmal Erde oder Sand benötigt. Wichtig ist die Feuchtigkeit und eine Temperatur von 10 bis 18 °C. Darum kann man die Kresse auch auf Schälchen mit feuchter Watte, Löschpapier oder Papiertaschentüchern einsäen und auf die Fensterbank stellen. Stets feucht halten, dann keimt sie schnell und kann nach 8 bis 10 Tagen geschnitten werden.

## Kurzinfo

| | |
|---|---|
| **Herkunft:** | Südeuropa |
| **Standort:** | Halbschatten |
| **Familie:** | Doldenblütler |
| **Kultur:** | mehrjährig, winterhart |
| **Blütezeit:** | Juni bis August |
| **Höhe:** | bis 200 cm |
| **Ernte:** | frische Blätter: |
| | April bis Herbst |
| **Verwendung:** | W = Würzpflanze |

*Inhaltsstoffe:*
- ◆ *Ätherisches Öl*
- ◆ *Bitterstoffe*
- ◆ *Harze*
- ◆ *Cumarin*
  *(hauptsächlich in der*
  *Wurzel enthalten)*

# Liebstöckel (Levisticum officinale)

»Geschmacksverstärker« aus der Natur

## Beschreibung:

Die ausdauernde Pflanze aus der Familie der Doldenblütler kann bis zu 2 m hoch werden. Liebstöckel ist robust und winterhart und bleibt 10 bis 15 Jahre am selben Platz stehen. Daher braucht es einen tiefgründigen, gut mit Kompost versorgten Boden. Die Pflanze wird durch Aussaat oder Teilung vermehrt. Man kann seinen Bedarf auch in einer Gärtnerei decken. Pro Familie reichen 1 bis 2 Setzlinge.

Vielen ist Liebstöckel unter dem Namen „Maggikraut" bekannt. Es bestehen zwar geschmackliche Ähnlichkeiten mit der käuflichen Würzsoße, aber Maggikraut ist darin nicht enthalten.

**Wirkung:**

Die Inhaltsstoffe der Wurzel haben eine krampflösende, harntreibende Wirkung und sind gut gegen Rheuma, Gicht und Blähungen. Die Liebstöckelwurzel wird heute noch therapeutisch genutzt und ist Bestandteil von nierenunterstützenden Teemischungen.

Liebstöckel sollte nicht während der Schwangerschaft verwendet werden.

## Liebstöckel – Verwendung als Gewürz

Der sellerieartige Geschmack macht Liebstöckel zu einem bekannten und beliebten Küchenkraut. Man pflückt die frischen Blätter und verwendet sie sparsam zu Suppen, Soßen, Salaten, Bohnen- und Erbsengerichten, Schweinebraten und Ragouts, auch in Kräuterwürzpasten sollte Liebstöckel nicht fehlen. Es verträgt sich gut mit Majoran, Zwiebeln und Knoblauch.

Deftige Speisen macht es bekömmlicher, das hat man schon früh erkannt, denn aus der Zeit Karls des Großen ist folgender Spruch überliefert:

„Liebstöckel macht einen guten Magen und vertreibt die Winde."

Liebstöckel ist ein natürlicher „Geschmacksverstärker", das dem Essen einen würzigen Geschmack verleiht. Es ist daher auch ein guter Ersatz für Salz und für die Diätküche geeignet. Liebstöckel kann mitgekocht werden!

# Suppenwürzpaste mit Liebstöckel

**Zubereitung:**

① Die Kräuter waschen, gut abtupfen und mit dem Wiegemesser zerkleinern.

② Die Kräuter in einen Mixer füllen, Salz und Öl dazugeben und fein pürieren.

**Zutaten:**
80 g frisches Liebstöckelkraut
20 g frisches Majorankraut oder Dost
100 ml Sonnenblumen- oder Rapsöl
10 g Salz

③ Die cremige Paste in Schraubgläser füllen, zum Schutz vor Verderben mit 1 cm Öl bedecken, die Gläser zuschrauben und kühl und dunkel lagern.

**Lagerung:**
Die Liebstöckel-Paste ist innerhalb von 4 bis 6 Monaten zu verbrauchen. Nach jeder Entnahme ist zu prüfen, ob die Oberfläche noch mit Öl abgedeckt ist!

**Anwendung:**
Dieses Würzkonzentrat, das stets sparsam zu dosieren ist – eignet sich vor allem zum Würzen von Suppen, Soßen und Eintopf.

# Kartoffelsuppe mit Liebstöckel

**Zutaten:**
1 ¹/₄ l Gemüsebrühe
1 Zwiebel
500 g Kartoffeln
1 bis 2 Möhren
1 kleines Büschel Liebstöckelblätter
1 EL Butter
3 EL Sahne
1 Sträußchen Petersilie
etwas Salz
etwas Pfeffer aus der Mühle

**Zubereitung:**
① Die Gemüsebrühe zubereiten.
② Die Zwiebel klein schneiden, die Kartoffeln und auch die Möhren würfeln sowie die Liebstöckelblätter hacken.
③ Butter in einer Pfanne erhitzen und die geschnittenen Zwiebeln und die gehackten Liebstöckelblätter andünsten.
④ Dann alles mit der Gemüsebrühe auffüllen.
⑤ Die gewürfelten Kartoffeln und Möhren dazugeben.
⑥ Die Suppe 15 bis 20 Min. kochen lassen.
⑦ Anschließend die Suppe pürieren, mit Sahne verfeinern.
⑧ Mit Salz und Pfeffer abschmecken und mit gehackter Petersilie garnieren.

## Kurzinfo

| | |
|---|---|
| **Herkunft:** | Vorderindien |
| **Standort:** | Sonne |
| **Familie:** | Lippenblütler |
| **Kultur:** | einjährige und mehrjährige Sorten |
| **Blütezeit:** | Juli bis August |
| **Höhe:** | bis 20 bis 30 cm |
| **Ernte:** | frische Blätter zum Würzen und Kochen: lfd. ganzes Kraut für Tee und Trockengewürz: unmittelbar vor der Blüte |
| **Verwendung:** | W = Würzpflanze H = Heilpflanze |

# Majoran und Dost (Origanum majorana)

Für Hausmannskost und gegen Schnupfen

## Beschreibung:

Majoran ist eines der wichtigsten Würzkräuter und sehr vielseitig verwendbar. Im Volksmund hat er viele Namen, u. a. heißt er auch Wurstkraut, denn bei der Herstellung vieler Wurstspezialitäten ist Majoran unentbehrlich.

Er gehört zur Familie der Lippenblütler (Labiatae), seine ursprüngliche Heimat ist Vorderindien. Der wild wachsende „Bruder" des Majorans ist der „Origanum vulgare", den man bei uns Dost und in Italien Oregano nennt. Beide Kräuter haben ähnliche Wirkstoffe und können ausgetauscht werden.

Majoran kann sowohl als einjähriges Kraut als auch als mehrjähriger Halbstrauch kultiviert werden. Er liebt einen sonnigen Standort und einen leichten, kalkhaltigen Boden. Der einjährige Majoran ist sehr kälteempfindlich. Die Jung-

*Inhaltsstoffe:*
- *ätherische Öle*
- *Gerbstoffe*
- *Bitterstoffe*

pflanzen werden auf der warmen Fensterbank oder im Früh-
beetkasten vorgezogen und erst Mitte Mai nach den Eishei-
ligen ins Freiland gepflanzt.

Der robuste, mehrjährige Majoran (Origanum majoranicum) ist
eine Kreuzung zwischen Majoran und Oregano, winterhart bis
−20 °C! Jungpflanzen gibt es in speziellen Kräutergärtnereien.
Dieser Majoran kann durch Stecklinge vermehrt werden.

### Wirkung:

Majoran wirkt innerlich unterstützend bei Appetitlosigkeit,
Verdauungsschwäche, Blähungen, Darmkoliken und Gallenbeschwerden. Selbstverständlich sollte bei unklaren Beschwerden immer erst ärztlicher Rat eingeholt werden!

Ein altbekanntes Heilmittel ist die Majoranbutter bzw. Majoransalbe, die man früher selbst herstellte. Heute ist sie in
Apotheken erhältlich. Majoransalbe wird für äußere Zwecke
verwendet, z. B. bei Kleinkindern als Schnupfensalbe oder
zur Einreibung bei Muskelzerrungen, Verstauchungen oder
rheumatischen Beschwerden.

## Majoran als Hausmittel:

# Majoran-Tee

**Zutaten:**
1 bis 2 TL getrockneten
Majoran
1/4 l Wasser

### Zubereitung:
① Das Wasser zum Kochen bringen.
② Den getrockneten Majoran mit dem kochenden Wasser
übergießen.
③ Alles 5 Minuten ziehen lassen und abseihen.

### Anwendung:
Der Majoran-Tee wird schluckweise warm getrunken – als
Magentee ungesüßt und als Hustentee mit Honig süßen.

# Majoran-Kopfdampfbad

Hilft gegen Schnupfen, weil er den Schleim löst und die Nebenhöhlen reinigt.

**Zubereitung:**
1. Das Wasser in einem Topf erhitzen.
2. Den getrockneten Majoran ins heiße Wasser geben.
3. Alles 2 Min. leise sieden lassen und den Sud in eine Schüssel geben.

**Anwendung:**
Den Kopf über die Schüssel halten und mit einem Frottee-Handtuch Kopf und Schüssel bedecken. Den Dampf 10 Min. einatmen. Dabei ist darauf zu achten, dass der Dampf nicht zu heiß ist! Er muss noch angenehm zu ertragen sein. Anschließend das Gesicht mit einem feuchten kalten Waschlappen abwischen und trocken reiben.

**Zutaten:**
2 l Wasser
1 Handvoll getrockneten Majoran

# Majoranöl zum Einreiben

**Zubereitung:**
1. Den getrockneten Majoran in ein Schraubglas füllen.
2. Das Kraut mit soviel Olivenöl auffüllen, bis es bedeckt ist.
3. Das Glas verschließen und 3 Wochen in die Sonne stellen. Während dessen wird es ab und zu geschüttelt.
4. Dann das Öl filtern und in dunkle Flaschen abfüllen.
5. Nicht vergessen die Flaschen zu beschriften!

**Anwendung:**
Das Öl wird äußerlich zum Einreiben bei Rheuma und steifen Gelenken verwendet.

**Zutaten:**
50 g getrockneten Majoran
$1/4$ l Olivenöl

## Majoran als Gewürz:

Den ganzen Sommer über werden die jungen, frischen Triebspitzen geerntet. Frischer Majoran wird fein gehackt und erst nach dem Garen an die Speisen gegeben.

Majoran lässt sich gut trocknen und als Gewürz bevorraten. Im Gegensatz zum frischen Majoran, kann das getrocknete Kraut mitgekocht werden.

Das stark würzige Aroma des Majorans passt sehr gut zu deftigen Speisen, wie z. B. Braten und Hackfleischgerichten, Gulasch, Bratkartoffeln, Eintopf, Zucchini- und Paprikagemüse, Getreidebratlingen, Kartoffelsuppen, Griebenschmalz, Leberknödel und besonderen Wurstsorten, wie z. B. Blut- und Leberwurst.

Eine gute Geschmackskombination bilden Majoran und Thymian.

# Leberknödel-Suppe mit Majoran

**Zutaten:**

4 alte Brötchen
etwas Salz
1/4 l lauwarme Milch
1 kleine Zwiebel
200 g Rindsleber
1 bis 2 frische Eier
etwas abgeriebene
   Zitronenschale
30 g Butter
1 1/2 l Suppenbrühe
1/2 Bund frische Petersilie
2 TL getrockneten Majoran
etwas Pfeffer
etwas Salz
etwas Schnittlauch

**Zubereitung:**

① Die altbackenen Brötchen in feine Scheiben schneiden, salzen, mit lauwarmer Milch übergießen und zugedeckt durchziehen lassen.

② Die Leber waschen, häuten, in Stückchen schneiden und mit der geschnittenen Zwiebel im Mixer pürieren.

③ Die frische Petersilie waschen, hacken und in Butter dünsten.

④ Alle Zutaten mischen, den Teig gut durchkneten und mit Majoran, Salz und Pfeffer würzen.

⑤ Einen Probeknödel mit nassen Händen formen und in die kochende, gut abgeschmeckte Brühe einlegen. Hält der Knödel die Form, dann stimmt die Konsistenz des Teiges. Dann weitere Knödel formen und einlegen, ca. 15 bis 20 Min. leise kochen bzw. ziehen lassen.

**Tipp:** Sollte der Knödelteig zu weich sein, das erkennt man daran, dass der Knödel abkocht oder zerfällt, dann gibt man Semmelbrösel zum Teig.

⑥ Die Suppe ist fertig, wenn alle Knödel oben schwimmen.

**Servieren:**
Leberknödel-Suppe wird mit Schnittlauchröllchen serviert. In Bayern ist sie eine beliebte Festtagssuppe, die bei keinem Hochzeitsessen fehlen darf.

**Tipp:** Leberknödel können gut eingefroren werden: Die gegarten Knödel aus der Brühe nehmen, erkalten lassen und auf einer Platte kurz vorfrieren, damit sie die Form behalten. Anschließend werden sie verpackt und eingefroren.

Auch die Suppenbrühe lässt sich einfrieren. Dazu wird die Brühe extra abgefüllt und in die Tiefkühltruhe gegeben. Beim Auftauen legt man die gefrorenen Leberknödel in die kochende Brühe.

# Majoran-Kartoffeln

**Zutaten:**
1 kg Kartoffeln
2 TL Majoran
20 g Butter
1 TL Paprika
etwas Kräutersalz

**Zubereitung:**
① Die rohen Kartoffeln schälen und in dünne Scheiben schneiden.
② Die Kartoffelscheiben auf eine eingeölte Alufolie geben, mit Majoran und Paprika würzen sowie mit Butterflöckchen belegen.
③ Die Alufolie locker darüberschlagen und an den Rändern gut verschließend falzen.
④ Auf dem Backblech oder Grillrost im vorgeheizten Ofen bei guter Mittelhitze ca. 45 Min. garen.
⑤ Anschließend nach Belieben mit Kräutersalz und gehackten frischen Kräutern würzen bzw. garnieren.

**Beilagen:**
Majoran-Kartoffeln schmecken gut zu Quarkgerichten und Rohkost.

# Grünkern-Kräuter-Bratlinge

**Zutaten:**

*für ca. 15 bis 20 Bratlinge*
200 g mittelfein geschrotete
Grünkerne
1/2 l Gemüsebrühe
(Instantbrühe)
1 Lorbeerblatt
2 frische Eier
2 EL Hefeflocken
1 Zwiebel
1 Knoblauchzehe
etwas Pfeffer
1 bis 2 TL getrockneter Majoran
2 bis 3 EL frische Kräuter
(nach Jahreszeit)
etwas Kräutersalz
etwas Paprikapulver
Vollkornbrösel
Öl

**Zubereitung:**

① Den Grünkernschrot und das Lorbeerblatt in einem Topf mit der Gemüsebrühe kalt ansetzen.
② Unter ständigem Rühren ankochen und auf kleinster Kochstufe ca. 30 Min. quellen lassen
③ Die Grünkernmasse abkühlen lassen.
④ In der Zwischenzeit die Zwiebel fein zerkleinern.
⑤ Die Knoblauchzehe auspressen.
⑥ Die Kräuter waschen und fein schneiden.
⑦ Eier, Hefeflocken, Zwiebelwürfel, Kräuter und Knoblauch in die abgekühlte Grünkernmasse einarbeiten.
⑧ Mit Kräutersalz, Paprikapulver, Majoran und Pfeffer abschmecken.
⑨ Aus dem Teig mit nassen Händen kleine Bratlinge formen.
⑩ Das Öl in einer Pfanne erhitzen.
⑪ Die Bratlinge in Vollkornbrösel wenden und im heißen Öl ausbacken.

**Beilage:**

Grünkern-Kräuter-Bratlinge schmecken gut zu frischem Salat oder Kartoffelsalat.
Sollten einige übrig bleiben, können sie am Abend kalt mit etwas Senf oder Gurken serviert werden.

# Grünkern-Kräuter-Brotaufstrich

**Zutaten:**

160 g gemahlene Grünkerne
1/2 l Gemüsebrühe (Würfel)
1 kleine Zwiebel
2 TL Öl

*weitere Zutaten
siehe nächste Seite*

**Zubereitung:**

① Die Gemüsebrühe in einen Topf geben.
② Den gemahlenen Grünkern einrühren.
③ Alles unter ständigem Rühren zum Kochen bringen.

④ Die Grünkernmasse zugedeckt auf kleinster Stufe noch 10 bis 15 Min. ausquellen lassen.

⑤ Dann den Brei vom Herd nehmen und abkühlen lassen.

⑥ Die Zwiebel fein zerkleinern.

⑦ Die frischen Kräuter waschen, abtupfen und hacken.

⑧ Nun den Grünkern mit getrocknetem Majoran, Thymian, Zwiebeln und dem Öl mischen.

⑨ Mit Salz und Pfeffer abschmecken und gut durchziehen lassen.

⑩ Vor dem Servieren mit frischen Kräutern bestreuen.

**weitere Zutaten:**

1 TL getrockneter Majoran
$1/2$ TL getrockneter Thymian
etwas Pfeffer
etwas Kräutersalz
frische Kräuter zum Servieren,
    z. B.: Basilikum,
    Schnittlauch, Pimpinelle

**Lagerung:**

Der Brotaufstrich hält sich im Kühlschrank mehrere Tage und wird von Tag zu Tag würziger.

## Kurzinfo

| | |
|---|---|
| **Herkunft:** | Südeuropa |
| **Standort:** | Halbschatten |
| | Schuttplätze |
| **Familie:** | Kreuzblütler |
| **Kultur:** | mehrjährige Staude |
| **Blütezeit:** | ab dem 2. Jahr von Mai bis Juni |
| **Höhe:** | 60 cm |
| **Ernte:** | Wurzelstangen: September bis Februar |
| **Verwendung:** | W = Würzpflanze |
| | H = Heilpflanze |

*Inhaltsstoffe:*
- *Schwefelhaltige, ätherische Öle, Hauptinhaltsstoff:*
  - *Sinigrin (ein Senfölglykosid), verleihen ihm Schärfe, Würzkraft und die antibakterielle Wirkung.*
- *Mineralstoffe*
- *Vitamin-C*

*(100 g frische Meerrettichwurzeln beinhalten z. B. 554 mg Kalium und 114 mg Vitamin C)*

# Meerrettich (Armoracia rusticana)
## scharf und gesund

## Beschreibung:

Der Meerrettich gehört ebenso wie Rettich, Senf, Kresse und Kohl zur Familie der Kreuzblütler. Der Meerrettich ist eine ausdauernde, winterharte Staude. Er benötigt viel Platz im Garten und liebt nährstoffreichen, humosen und feuchten Boden. Geerntet wird die Wurzel erst im zweiten oder dritten Jahr nach der Pflanzung und zwar in den Monaten September bis Februar. Die Wurzeln können in Sand eingeschlagen im kühlen Keller aufbewahrt werden.

Im Winter sind Meerrettich-Stangen auch in Gemüsegeschäften erhältlich.

## Wirkung:

Meerrettich hat Stoffwechsel anregende und bakterienhemmende Eigenschaften in den Bereichen der Atmungsorgane, ableitenden Harnwege und auch im Magen-Darmtrakt. Er sollte grundsätzlich vorsichtig dosiert werden, weil gelegentlich Schleimhautreizungen auftreten können. In der Volksmedizin verwendet man Meerrettich-Sirup bei Husten und Erkältungskrankheiten.

---

**Meerrettich als Hausmittel:**

# Meerrettich-Honig

*Er gilt als ein erprobtes Mittel bei Husten und Heiserkeit.*

### Zubereitung:
① Den Meerrettich mit dem Bienenhonig mischen.
② In ein Schraubglas füllen.

### Anwendung:
Mehrfach täglich einen Teelöffel Meerrettich-Honig nehmen.

**Zutaten:**
1 EL frisch geriebenen
   Meerrettich
4 EL Bienenhonig

---

# Meerrettich-Sirup

*Hilft gegen Erkältungen.*

### Zubereitung:
① Die Meerrettichstange in Scheiben schneiden.
② Die Scheiben im Wechsel mit Kandiszucker schichtweise in ein Glas füllen.
③ 1 bis 2 Tage zugedeckt stehen lassen.

### Anwendung:
Den Sirup teelöffelweise verwenden.

**Zutaten:**
1 Meerrettichstange
150 g Kandiszucker

## Meerrettich – Verwendung als Gewürz:

Die Meerrettichstangen säubern, dünn schälen und – möglichst bei offenem Fenster um tränende Augen zu verhindern – reiben. Damit sich geriebener Meerrettich nicht verfärbt, wird er sofort mit Zitronensaft beträufelt. Um die brennende Schärfe zu mildern, vermischt man Meerrettich mit „sanften" Zutaten wie z. B. Quark, Joghurt, Mayonnaise, Sahne, geriebenen Äpfeln. Diese Variationen passen gut zu

**Tipp:** Als Ersatz für Meerrettich kann auch schwarzer Rettich genommen werden.

Fisch, Geflügel, Wild oder Dip für Kräcker. Besonders gut schmeckt Meerrettich zu deftigen Wurstplatten und gekochtem Fleisch. In einigen Regionen Deutschlands zählt Tafelspitz mit Meerrettich noch heute als kulinarische Spezialität. Wem das Reiben zu umständlich ist, kann Meerrettich aus dem Glas verwenden.

# Gekochte Meerrettich-Soße

**Zutaten:**
1 Zwiebel
3 EL Öl
3 EL Mehl
3 EL frisch geriebenen Meerrettich
1/4 l Gemüsebrühe
1/4 l Milch
1 Pr. Salz
1 Pr. Zucker
2 bis 3 EL Sahne

**Zubereitung:**
① Die Zwiebel fein hacken.
② Aus dem Öl, der zerhackten Zwiebel, dem Mehl und dem geriebenen Meerrettich eine helle Mehlschwitze herstellen und diese kurz durchdünsten lassen.
③ Anschließend mit Brühe und Milch aufgießen.
④ Je nach Schärfe des Meerrettichs 10 bis 15 Min. leicht kochen lassen.
⑤ Zum Schluss mit Salz und Zucker abschmecken und die Sahne zum Verfeinern dazugeben.

**Beilage:**
Die Sauce schmeckt gut zu gekochtem Rindfleisch, aber auch zu Fisch und verschiedenen vegetarischen Gerichten.

# Sahne-Meerrettich

**Zutaten:**
1 Becher Schlagsahne (250 g)
3 EL geriebenen Meerrettich
1 TL Zitronensaft
1 Prise Zucker

**Zubereitung:**
① Die Sahne steif schlagen.
② Den Meerrettich und die Gewürze unter die Sahne mischen.

**Beilage:**
Sahne-Meerrettich passt gut zu gegrilltem Fleisch, Steaks, Schinken, gekochtem oder geräuchertem Fisch, wie z. B. Forelle.

# Apfel-Meerrettich
## auf bayerische Art

**Zubereitung:**
1. Äpfel schälen, fein reiben und sofort mit Zitronensaft beträufeln.
2. Den Soßenlebkuchen in kaltem Wasser einweichen, ausdrücken, mit den geriebenen Äpfeln und Meerrettich – am besten mit Hilfe des Mixers – vermischen.
3. Den Apfelmeerrettich mit Zucker und Salz abschmecken.

**Beilage:**
Eignet sich gut als Beilage zu Schlachteplatten und Fondue.

**Zutaten:**
500 g säuerliche Äpfel
2 bis 3 EL frisch geriebenen
   Meerrettich
1 Soßenlebkuchen
Saft einer Zitrone
etwas Zucker
etwas Salz

# Meerrettich-Butter

**Zubereitung:**
1. Butter schaumig rühren.
2. Den geriebenen Meerrettich unter die Butter mischen.
3. Mit Salz und Zucker abschmecken.
4. Bis zum Gebrauch kalt stellen.

**Beilage:**
Die pikante Butter ist beliebt als Beigabe zu mageren Fleisch- und Fischspeisen, Grillgerichten und Steaks.

**Zutaten:**
250 g Butter
2 bis 3 EL frisch geriebenen
   Meerrettich
1 Pr. Zucker
etwas Salz

## Kurzinfo

**Herkunft:** östlicher Mittelmeerraum
**Standort:** Sonne
**Familie:** Lippenblütler
**Kultur:** mehrjährig
**Blütezeit:** Juli/August
**Höhe:** 50 bis 70 cm
**Ernte:** frische Blätter: lfd.
ganzes Kraut für Tee:
vor der Blüte
**Verwendung:** W = Würzpflanze
H = Heilpflanze

*Inhaltsstoffe:*
- ◆ *ätherische Öle*
  - *– Citronellal*
  - *– Citral*
- ◆ *Gerb- und Bitterstoffe*
- ◆ *Flavonoide*
- ◆ *Mineralstoffe*

# Melisse (Melissa officinalis)
Für Herz und Nerven

### Beschreibung:
Die Melisse wird wegen ihres Zitronenaromas auch Zitronenmelisse oder Zitronenkraut genannt. Die Pflanze stammt aus dem östlichen Mittelmeerraum und gehört zur Familie der Lippenblütler. Sie wird gerne von Bienen aufgesucht, daher auch der Name Melisse, das vom griechischen „Melissa" abgeleitet ist, was übersetzt „Biene" heißt.
Die Zitronenmelisse ist mehrjährig und winterhart und kann bei uns sehr leicht im Garten kultiviert werden. Sie liebt humushaltigen Boden und einen sonnigen Standort. Melisse ist leicht durch Stockteilung zu vermehren und wächst sehr üppig.

**Wirkung:**

Die Gesamtheit der Pflanzeninhaltsstoffe machen die Melisse zu einer altbewährten Heilpflanze, sie hilft bei Schlafstörungen, Unruhe und Nervosität.

Melissentee hat neben der beruhigenden auch eine krampflösende Wirkung bei Magen- und Darmbeschwerden. Es handelt sich um eine mild wirkende Heilpflanze, die auch für einen längeren Gebrauch geeignet ist.

Um eine Wirkung bei Schlafstörungen zu erzielen, sollte eine Teekur über einen längeren Zeitraum durchgeführt werden. Der Aufguss wird dabei höher dosiert als es sonst üblich ist.

Tipp: Das ätherische Öl der Melisse ist Bestandteil verschiedener Fertigarzneimittel, so z.B. des »Melissengeistes«, der zum Einnehmen und Einreiben empfohlen wird. Man sollte dabei beachten, dass es sich hier um ein hochprozentiges Destillat aus Melisse und anderen Heilpflanzen handelt, das wegen des sehr hohen Alkoholgehaltes (über 70%) nur mit entsprechender Vorsicht zu verwenden ist!

Tipp: Melisse als Herpes-Killer
Melissenextrakt hilft gegen Lippenbläschen (Herpes simplex). In Apotheken als Salbe erhältlich.

## Melisse als Hausmittel:

# Melissen-Tee

gegen Schlafstörungen

### Zubereitung:

① Das Wasser zum Kochen bringen und damit die Melisse übergießen.
② Den Ansatz lässt man 10 Min. zugedeckt ziehen.
③ Dann gießt man ihn ab und trinkt den Tee warm evtl. mit Honig gesüßt.

### Anwendung:

3mal täglich eine Tasse. Die letzte Tasse eine halbe Stunde vor dem Schlafengehen.

**Zutaten:**
2 bis 3 TL getrocknete Melisse
1/4 l Wasser

# Melissen-Bad

Dieser Badezusatz beruhigt und entspannt. Fertige Melissenbäder sind auch im Handel erhältlich.

**Zutaten:**

50 g getrocknete
   Melissenblätter
1 bis 2 l Wasser

**Zubereitung:**

① Die getrockneten Melissenblätter mit dem Wasser übergießen und im Kochtopf zum Sieden erhitzen.
② Alles 10 Min. ziehen lassen und abseihen.
③ Diesen Aufguss dem Vollbad zugeben.

# Melissen-Weißdorn-Wein

**Zutaten:**

2 Hände voll
   Zitronenmelissenblätter
2 Hände voll Weißdornblüten
1 Fl. Weißwein

**Zubereitung:**

① Die Blüten und Blätter in ein Glasgefäß geben und mit dem Wein übergießen.
② Den Ansatz ab und zu schütteln. Nach ca. 5 Tagen abseihen und in eine Flasche füllen.
③ Die Flasche kühl aufbewahren.

**Anwendung:**

Nach Bedarf 1 Likörglas voll trinken. Weißdorn hat eine herzstärkende Wirkung – Melisse beruhigt. Alkoholgehalt beachten!

## Melisse – Verwendung als Gewürz:

In der Küche ist die Melisse wegen ihres erfrischenden Zitronenaromas ein beliebtes Gewürz für Salatmarinaden, Tomatengerichte, Quark, Frischkäse, Fisch, Wild, Pilze, Kräuterbutter, Würzessig und Erfrischungsgetränke.
Frische Melissenblätter werden vom Frühling bis zum Herbst laufend geerntet und den Speisen beigegeben. Häufiges Schneiden dankt die Melisse mit üppigem Wachstum.
Man sollte das Kraut niemals mitkochen!
Als Trockengewürz eignet sich Melisse weniger, weil das frische Aroma verloren geht, besser ist Einfrieren oder Konservieren in Essig.

# Kräuterbutter mit Melisse

## Zubereitung:
1. Die Butter cremig rühren.
2. Mit Salz, Pfeffer und Zitronensaft abschmecken.
3. Zum Schluss die Melissenblätter fein hacken und sofort unter die Butter mischen.
4. Die Butter zu einer Rolle formen, in Pergamentpapier einschlagen und für 1 bis 2 Stunden in den Kühlschrank legen.

## Beilage:
Die Melissenbutter passt gut zu kaltem Braten, Fisch, Käseplatten und zu Baguette, das zu Salaten oder Suppen gereicht wird.

### Zutaten:
250 g Butter
etwas Salz
etwas Pfeffer
1 Pr. Zucker
Saft von 1/2 Zitrone
2 bis 3 EL fein gehackte
   Melissenblätter

# Tomatensalat mit Melisse

## Zubereitung:
1. Tomaten und Zwiebeln in Scheiben schneiden.
2. Zitronenmelisse waschen und fein hacken. Einige Blätter zum Garnieren ganz lassen.
3. Aus Essig, Öl und Pfeffer eine Marinade herstellen.
4. Die Tomaten mit Zwiebeln und Zitronenmelisse schichtweise in eine Glasschüssel füllen, Marinade darüber geben, 10 Min. ziehen lassen.
5. Vor dem Servieren mit Kräuterblättchen und frisch gemahlenem Pfeffer garnieren.

### Zutaten:
1 kg schnittfeste Tomaten
1 Gemüsezwiebel
1 Sträußchen frische
   Zitronenmelisse
3 EL Olivenöl
Zum Abschmecken
1 bis 2 EL Kräuteressig
etwas Salz
etwas Pfeffer aus der Mühle

## Kurzinfo

| | |
|---|---|
| Herkunft: | Südost-Europa |
| Standort: | Halbschatten |
| Familie: | Doldenblütler |
| Kultur: | zweijährig |
| Blütezeit | Juni/Juli im 2. Jahr |
| Höhe: | 30 bis 40 cm |
| Ernte: | frische Blätter: lfd. |
| | Herzblätter stehen lassen! |
| Verwendung: | W = Würzpflanze |
| | H = Heilpflanze |

*Inhaltsstoffe:*
- *ätherische Öle*
- *Mineralstoffe*
- *Eisen*
- *Calcium*
- *Vitamin C*

*Der charakteristische Duft wird durch ein Gemisch aus ätherischen Ölen verursacht. Ein Bestandteil ist das giftige*
- *Apiol
(hauptsächlich im Petersiliensamen enthalten)*

*Von „Petersiliensamen-Tee" – in manchen Kräuterbüchern empfohlen – ist daher abzuraten!*

# Petersilie Petroselinum crispum
vitaminreiches Universalgewürz

## Beschreibung:

Die Petersilie ist neben Schnittlauch das bekannteste Küchenkraut. Die zweijährige Pflanze gehört zur Familie der Doldenblütler. Man unterscheidet zwischen der glattblättrigen und krausblättrigen Petersilie. Die Inhaltsstoffe sind bei beiden ähnlich. Die glattblättrige Petersilie besitzt ein kräftigeres Aroma.

Im Garten kann Petersilie ab März ausgesät werden. Sie braucht einen nährstoffreichen Boden und keimt sehr langsam. Deshalb empfiehlt sich eine Markierungssaat mit Radieschen!

Petersilie ist nicht frostempfindlich und kann fast das ganze Jahr geerntet werden. Das Kraut sollte nie dort gesät werden, wo es im Vorjahr stand, da es am gleichen Ort nicht mehr wächst. Petersilie verträgt sich auch nicht mit anderen Doldenblütlern, wie z. B. Dill oder Möhren. Geeignete Vorkulturen sind Zwiebeln und Lauch.

**Wirkung:**

Petersilie regt die Verdauung an, hat eine harntreibende,
entwässernde Wirkung und gilt in der Volksmedizin als blutreinigend.

## Petersilie als Hausmittel:

# Petersilien-Wein

»Herzwein« nach Hildegard von Bingen

**Zubereitung:**

① Petersilie waschen und zusammen mit den Stängeln grob
schneiden.
② Die Wurzel waschen, putzen, zerkleinern und zusammen
mit den gehackten Petersilienblättern und -stängeln sowie
dem Essig 5 Min. kochen.
③ Weißwein und Honig dazugeben und weitere 5 Min. kochen.
④ Den Wein abschäumen, abseihen und in Flaschen füllen.

**Zutaten:**

10bis 12 Stängel frische – wenn
möglich glatte – Petersilie
mit Blättern
1 Petersilienwurzel
3 EL Weinessig
1 Fl. Weißwein
2 bis 3 EL Honig

**Anwendung:**

Zwei- bis dreimal täglich ein Likörglas voll nach dem Essen
trinken. Wirkt entwässernd und herzkreislaufstärkend. Alkoholgehalt beachten!

## Petersilie – Verwendung als Gewürz:

Petersilie ist in der richtigen Dosierung ein hervorragendes
Küchenkraut, zumal sie überall erhältlich ist. Petersilie ist
außerdem ein Universalgewürz, sie passt zu jedem Gericht,
an das man normalerweise Salz gibt.
Frische Blätter sollten möglichst nicht mitgekocht werden,
man gibt sie erst an die fertig gekochten Suppen oder
andere gegarte Speisen. Im Gegensatz dazu kann man Stängel und Wurzeln auch kochen.

Die Verwendungsmöglichkeiten sind äußerst vielfältig, z. B. als Zusatz von Suppen, Eintöpfen, Salaten, Grünen Soßen oder „Bouquet garni" (s. Rezept).

# Bouquet garni

**Zutaten:**

3 Stängel Petersilie
2 Stängel Thymian
1 Lorbeerblatt

**Zubereitung:**

① Die frischen Kräuter zu einem Sträußchen binden.
② In Eintöpfen, Soßen und Fleischgerichten mitkochen.
③ Vor dem Anrichten entfernen.

**Tipp:** Bei Schweinefleisch an Stelle des Lorbeerblattes lieber Salbei verwenden.

# Kräuternockerl-Suppe mit Petersilie

**Zutaten:**

1¹/₂ l Gemüsebrühe
¹/₄ l Milch
120 g Hartweizengrieß
1 Msp. Meersalz
20 g Butter
2 frische Eier
2 EL gehackte Kräuter, z. B.:
Petersilie, Kerbel, Majoran
Basilikum
1 Pr. Muskat

**Zubereitung:**

① Die Milch zum Kochen bringen.
② Butter, Salz und Grieß unter Rühren in die kochende Milch geben.
③ In die abgekühlte Grießmasse Eier und gehackte Kräuter kneten.
④ Mit einem nassen Teelöffel die Nockerln abstechen, in die kochende Gemüsebrühe geben und kurz ziehen lassen. Die Nockerln sind gar, wenn sie an der Oberfläche schwimmen.
⑤ Die fertige Suppe mit frisch geriebener Muskatnuss abschmecken und mit Petersilie garnieren.

# Petersiliensuppe

**Zubereitung:**
1. Aus dem Öl, dem Mehl und der klein gehackten Zwiebel eine helle Mehlschwitze herstellen.
2. Mit Gemüsebrühe aufgießen, umrühren und 8 bis 10 Min. kochen lassen.
3. Mit Salz abschmecken.
4. Petersilie waschen, grobe Stiele entfernen, fein hacken und dazugeben.
5. Nun höchstens noch einmal aufkochen lassen.
6. Mit Sahne verfeinern und mit geriebener Muskatnuss würzen.
7. Die Toastscheiben rösten, in kleine Würfel schneiden und auf die angerichtete Suppe streuen.

**Zutaten:**
3 EL Öl
2 bis 3 EL Mehl (Type 1050)
1 kleine Zwiebel
$1^1/_4$ l Gemüsebrühe
etwas Salz
1 Bund Petersilie
3 EL Sahne
etwas Muskatnuss
2 Toastscheiben

# Kräuter-Käse-Suppe

vitaminreich

**Zubereitung:**
1. Den Emmentaler-Käse reiben.
2. Die Zwiebel fein hacken.
3. Aus Öl, Mehl und der gehackten Zwiebel in einem Topf eine helle Mehlschwitze herstellen.
4. Die kalte Gemüsebrühe dazu gießen und mit dem Schneebesen gut verrühren.
5. Dann die Suppe unter ständigem Rühren langsam zum Kochen bringen und 5 Min. lang kochen lassen.
6. Den Topf vom Herd nehmen und den geriebenen Käse und die Sahne dazugeben.
7. Mit dem Schneebesen solange rühren, bis sich der Käse in der heißen Suppe aufgelöst hat.
8. Mit Muskat und Salz abschmecken.
9. Unmittelbar vor dem Servieren die fein gehackten Kräuter unter die Suppe rühren und nicht mehr kochen.

**Zutaten:**
3 EL Mehl
3 EL Öl
1 l Gemüsebrühe
   (Instantbrühe)
1 Zwiebel
4 EL Sahne
100 g Emmentaler
etwas Muskat
je 2 EL frische gehackte Kräuter
   nach Jahreszeit,
   z. B. Petersilie, Kerbel,
   Schnittlauch, Melisse,
   Basilikum
etwas Salz

**Beilagen:**
Die Käse-Kräuter-Suppe kann an Stelle einer üblichen Hauptmahlzeit mit Vollkornbrötchen gereicht werden.

## Kurzinfo

| | |
|---|---|
| **Herkunft:** | Mittelmeerraum |
| **Standort:** | Sonne |
| | Halbschatten |
| **Familie:** | Lippenblütler |
| **Kultur:** | mehrjährig |
| **Blütezeit:** | Juli bis September |
| **Höhe:** | bis 50 bis 60 cm |
| **Ernte:** | frische Blätter: lfd. |
| | ganzes Kraut für |
| | Teevorrat: vor der Blüte |
| **Verwendung:** | W = Würzpflanze |
| | H = Heilpflanze |

*Inhaltsstoffe:*
- ♦ *ätherisches Öl*
- ♦ *Menthol*

# Pfefferminze (Mentha piperita)

frischt auf

## Beschreibung:

Die Pfefferminze ist ein Bastard aus Wasser- und Ähren-minze. Im Garten lässt sich diese Pflanze, die zur Familie der Lippenblütler gehört, sehr leicht anbauen, man muss sie „zähmen", denn wenn sie heimisch geworden ist, treibt sie unaufhörlich Wurzelausläufer.

Pfefferminze mag einen feuchten, halbschattigen Standort. In speziellen Kräutergärtnereien gibt es außer der bekann-ten Pfefferminze noch weitere empfehlenswerte Sorten, die sich besonders zum Würzen eignen, z.B. Apfelminze, Ge-würzminze, Krauseminze oder die sehr aromatische marok-kanische Minze, um nur einige Beispiele zu nennen.

Pfefferminze wird nicht nur als Gewürz, sondern auch für Arzneizwecke genutzt.

## Wirkung:

Pfefferminze hat eine belebende, anregende Wirkung, fördert die Gallensaftproduktion und Verdauung, ist gut bei Blähungen, krampfartigen Schmerzen und Menstruationsbeschwerden.

Pfefferminze ist Bestandteil vieler Teemischungen. In der richtigen Dosierung sind keine Nebenwirkungen zu befürchten. Pfefferminztee zählt neben Kamillentee zu den bekanntesten und beliebtesten Hausmitteln, dass bei Magen- und Darm-Beschwerden angewendet wird.

## Pfefferminze als Hausmittel:

# Pfefferminz-Tee

### Zubereitung:

① Die Pfefferminzblätter mit dem kochenden Wasser überbrühen.

② Zugedeckt 10 Min. ziehen lassen.

**Zutaten:**
1 EL Pfefferminzblätter
1/4 l Wasser

### Anwendung:

Bei Magen-Darm-Beschwerden oder bei Menstruationsschmerzen schluckweise trinken.

Pfefferminztee ist wegen des Mentholgehaltes weder für den Dauergebrauch noch für kleine Kinder geeignet.

## Pfefferminze - Verwendung als Gewürz:

Frische Minzeblätter und Triebspitzen können laufend gepflückt werden. Man verwendet sie zum Würzen von Salatmarinaden, Rohkost, Obstschalen, Mixgetränken, Desserts, Pilzen, Lammbraten, Quarkspeisen, Kräuteressig und Likör. Alle Minzearten eignen sich zum Trocknen. Man schneidet sie kurz vor der Blüte. Wie der Vorgang des Trocknens vonstatten geht, ist im Kapitel Kräutervorrat auf Seite 164 / 165 beschrieben.

Die selbst angebauten Minzen sind köstlich und sehr aromatisch. Sie stellen jeden gekauften Beutel-Tee weit in den Schatten!

# Minze-Quark-Creme

**Zutaten:**
250 g Quark
3 bis 4 EL Joghurt
2 EL Honig
1 P. Vanillezucker (echte Vanille)
1/2 Becher Schlagsahne (125 g)
1/2 Hand voll Minzeblätter

**Zubereitung:**
① Quark mit Joghurt und Honig verrühren.
② Die Sahne steif schlagen und den Vanillezucker dazugeben.
③ Die Sahne unter den Quark heben.
④ Die Minze waschen, fein hacken und an den Sahnequark geben.
⑤ Die Creme mit einigen Minzeblättern dekorieren.

# Minze-Kiwi-Dessert
mit Sahnehäubchen

**Zutaten:**
5 reife Kiwis
2 reife Pfirsiche
3 bis 4 Stängel frische Minze
1 Becher Schlagsahne
1 P. Vanillezucker

**Zubereitung:**
① Die Kiwis schälen und pürieren.
② Die Minzeblätter vom Stängel abzupfen, klein schneiden und unterrühren.
③ Das Kiwipüree nach Wunsch mit etwas Honig oder Zucker abschmecken.
④ Die Pfirsiche waschen, mit kochendem Wasser überbrühen, häuten, entsteinen und das Fruchtfleisch in Spalten schneiden.

⑤ Das Kiwipüree in Portionsschälchen anrichten und mit Pfirsichspalten belegen.

⑥ Die Sahne mit Vanillezucker steif schlagen und damit das Püree garnieren.

# Minze- Apfelchutney

**Zubereitung:**

① Die Äpfel schälen und in Stücke schneiden.

② Zwiebel würfeln.

③ Äpfelstücke, Zwiebelwürfel, Kandis, Senfkörner, Cayenne-pfeffer und Salz in einen großen Topf geben. Weinessig und Zitronensaft dazu gießen.

④ Die Mischung zum Kochen bringen. Bei kleiner Hitze etwa eine Stunde kochen. Dabei ab und zu umrühren.

⑤ Die Minze abspülen, trocken tupfen, die Blätter grob zer-schneiden und zum Chutney geben. Erneut 10 Min. ko-chen.

⑥ Heiß in saubere Gläser füllen und mit Twist-off-Deckeln verschließen.

**Zutaten:**

1 kg säuerliche Äpfel
1 Gemüsezwiebel
200 g Kandis
1 EL Senfkörner
1 TL Cayennepfeffer
etwas Salz
5 EL Weinessig
Saft von 2 Zitronen
2 Bund Minze

**Beilage:**

Als Beilage zu gebratenem oder gegrilltem Lamm- bzw. Schweinefleisch.

# Ausgebackene Minze-sprossen

**Tipp:** Auch wilde Minze, die am Bach wächst, eig-net sich dazu!

**Zubereitung:**

① Die Minzesprossen waschen und abtupfen.

② Die beiden Eier trennen.

③ Das gesiebte Mehl mit Milch, Eigelb und Salz verrühren.

④ Das Eiweiß steif schlagen und unterheben.

⑤ Das Pflanzenöl in einer Pfanne erhitzen.

⑥ Die Minzesprossen an den Stängeln anfassen, in den Teig tauchen und im heißen Öl goldgelb ausbacken.

⑦ Dann mit Puderzucker bestreuen und heiß servieren. Ein leckerer Nachtisch!

**Zutaten:**

20 bis 30 junge zarte
    Minzesprossen
125 bis 150 g Weizenmehl
    (Type 1050)
2 frische Eier
1 Pr. Salz
1/4 l Milch
Pflanzenöl zum Ausbacken

## Kurzinfo

| | |
|---|---|
| **Herkunft:** | Mittelmeergebiet |
| **Standort:** | Sonne |
| | Kalkboden |
| | Mergelboden |
| **Familie:** | Rosengewächse |
| **Kultur:** | mehrjährig, winterhart |
| **Blütezeit:** | Juli/August |
| **Höhe:** | 30 bis 60 cm |
| **Ernte:** | frische Blätter: lfd. |
| **Verwendung:** | W = Würzpflanze |
| | H = Heilpflanze |

*Inhaltsstoffe:*
- ◆ *Gerbstoffe*
- ◆ *Saponine*
- ◆ *Flavone*
  *(antiseptische, adstringurierende [zusammenziehende] Wirkung)*

# Pimpinelle (Sanguisorba minor)
## Der kleine Wiesenknopf

### Beschreibung:

Aus botanischer Sicht handelt es sich bei dieser Pflanze (Sanguisorba minor) um den Kleinen Wiesenknopf, der zur Familie der Rosengewächse gehört. Wegen der Namensgleichheit wird der „Kleine Wiesenknopf" oft mit der „echten" Pimpinelle (Pimpinella saxifraga) verwechselt, diese gehört aber zur Familie der Doldenblütler.

Als Wildpflanzen wachsen beide oft am gleichen Standort und haben ähnliche Blätter, dies mag wohl im Volksmund zur einheitlichen Benennung geführt haben. Auch in Staudengärtnereien ist der „Kleine Wiesenknopf" unter der Bezeichnung „Pimpinelle" als das bekannte Küchenkraut erhältlich, um das es hier geht.

Für den Anbau im Garten eignet sich Pimpinelle sehr gut, sie ist mehrjährig und liefert schon im zeitigen Frühjahr frisches Grün zum Würzen. Charakteristisch sind die zierlich gefiederten Blätter, die am Rand gezähnt sind.

**Wirkung:**
Die Wurzel wird hauptsächlich pharmazeutisch zur Herstellung von Arzneimitteln gegen Entzündungen im Mund und Rachenraum genutzt.
Als Hausmittel spielt die Pimpinelle jedoch nur eine untergeordnete Rolle.

Wenig bekannt, aber von großer Bedeutung ist, dass die Pimpinelle einen sehr hohen Vitamin-C-Gehalt enthält. 481 mg auf 100 g Frischgewicht, das sind absolute Spitzenwerte. Damit übertrifft die Pimpinelle Zitrusfrüchte um das fast 10fache!

## Pimpinelle – Verwendung als Gewürz

Schon wegen des hohen Vitamin-C-Gehalts dürfte es selbstverständlich sein, dass der Pimpinelle ein herausragender Stellenwert als Würzpflanze eingeräumt werden sollte. Das unaufdringliche, nusshaltige, gurkenähnliche Aroma passt zu vielen Speisen, so z. B. zu Blattsalat, Gurken, Tomaten, Fisch, Pilzen, Fleischragout, Kräutersoßen (wie der „Frankfurter grünen Soße"), Frühlingssuppen, Kartoffelsalat, Quark, Rohkost, Kräuterbutter oder gekochten Eiern.
Pimpinelle kann reichlich verwendet werden. Wichtig ist, dass sie stets frisch an die Speisen gegeben wird. Man darf sie nicht mitkochen und auch zum Trocknen ist sie nicht geschaffen, denn dann verliert sie ihr Aroma. Zum Einfrieren ist Pimpinelle bedingt geeignet. Gut hält sie das Aroma in Kräuteressig.

# Liptauer Käse mit Kräutern

**Zutaten:**

30 bis 40 g Butter
150 g frischen Magerquark
3 EL Joghurt oder Sahne
100 g reifen Camembert
1 fein geschnittene Zwiebel
etwas Salz
etwas Paprikapulver
etwas Pfeffer
4 EL fein gewiegte Kräuter je
   nach Jahreszeit, z. B.:
   Pimpinelle, Schnittlauch,
   Thymian, Basilikum

**Zubereitung:**

① Die Butter schaumig rühren.
② Quark, Joghurt oder Sahne dazugeben und sehr gut verrühren.
③ Den reifen Camembert mit der Gabel fein zerdrücken und zusammen mit der zerkleinerten Zwiebel und den fein gehackten Kräutern unter den Quark schlagen.
④ Alles pikant abschmecken und mit Paprikapulver bestreuen.

**Beilage:**

Dazu schmecken Schalenkartoffeln oder Vollkornbrot.

# Pimpinelle-Quark

**Zutaten:**

250 g Magerquark
2 EL süße Sahne oder Milch
2 bis 3 EL frisch gehackte
   Pimpinelleblätter
1 Msp. Paprikapulver
1 Prise Pfeffer
1 Prise Salz
einige Pimpinelleblätter
   zum Garnieren

**Zubereitung:**

① Den Quark mit Sahne cremig rühren.
② Die gehackte Pimpinelleblätter und Paprikapulver dazugeben.
③ Mit Salz und Pfeffer abschmecken.
④ Anrichten und mit Pimpinelleblätter garnieren.

**Beilage:**

Der Pimpinellen-Quark harmoniert geschmacklich mit Pellkartoffeln oder mit Vollkornbrot, das mit Butter bestrichen ist.

# Bunter Salat mit Pimpinelle

## Zubereitung:

① Die Gurke schälen und in Würfel schneiden.
② Radieschen und Tomaten waschen und in Viertel schneiden.
③ Pimpinelle abspülen, abtropfen lassen und schneiden. Dabei einige Blätter zum Garnieren ganz belassen.
④ Alles in eine Schüssel geben.
⑤ Eine Marinade aus dem Zitronensaft, Salz, Pfeffer und evtl. einer Pr. Zucker herstellen.
⑥ Die Marinade unter den Salat mischen und mit Pimpinelleblättern garnieren.

## Zutaten:

1 Salatgurke
1 Bund Radieschen
4 Tomaten
1 Bund Pimpinelle
3 EL Öl
Saft einer Zitrone
etwas Salz
etwas Pfeffer
evtl. 1 Prise Zucker

# Camembert-Kräuter-Brotaufstrich

## Zubereitung:

① Den reifen Camembert mit der Gabel zerdrücken und die weiche Butter untermengen.
② Die Zwiebel fein würfeln.
③ Die Kräuter waschen, abtupfen und hacken.
④ Alles mit der Gabel gut vermengen.
⑤ Mit Pfeffer und Paprika abschmecken.
⑥ Den Camembert-Aufstrich auf Grau- oder Schwarzbrot streichen und mit Schnittlauch garnieren.

## Zutaten:

125 g Camembert-Käse (reif)
30 g weiche Butter
1 kleine Zwiebel fein gehackt
2 EL Kräuter, z. B.: Schnittlauch, Dost, Pimpinelle
etwas Pfeffer
etwas edelsüßes Paprikapulver

## Beilage:

Schmeckt gut zu Bier und Wein.

# Rosmarin (Rosmarinus officinalis)

Der Muntermacher

## Beschreibung:

Rosmarin ist eine alte Kult-, Würz- und Heilpflanze. Er gilt als „Muntermacher" für alle, die unter niedrigem Blutdruck leiden und sich erschöpft fühlen.

Die aromatische Pflanze gehört zur Familie der Lippenblütler. Da sie nicht winterhart ist, gelingt es uns selten, den Halbstrauch langfristig im Garten anzubauen – es sei denn, die Lage des Gartens ist warm und sehr geschützt.

Rosmarin gedeiht auch sehr gut in Terrakotta-Töpfen auf dem Balkon oder der Terrasse. Zum Überwintern stellt man die Pflanze an einen kühlen hellen Platz im Haus und gießt sie nur mäßig.

## Wirkung:

Die Inhaltsstoffe von Rosmarin wirken tonisierend auf das Herz-Kreislauf-System und fördern die Durchblutung. Die Pflanze ist wirksam bei allgemeinen Erschöpfungszuständen, niedrigem Blutdruck, aber auch bei rheumatischen Beschwerden.

Selbstverständlich sollte bei einer gezielten Anwendung vorher immer der Arzt um Rat gefragt werden!

Beliebt sind aktivierende Rosmarinbäder, die aber nicht am Abend genommen werden sollten, da sie munter machen und den Schlaf beeinträchtigen. Rosmarin-Badeextrakte sind in Apotheken, Reformhäusern und Drogerien erhältlich.

**Tipp:** Rosmarin-Duft weckt müde Lebensgeister im Winter! Dazu den im Haus stehenden Rosmarinstrauch ab und zu berühren, dann verströmt er seinen Duft, oder ein Duftlämpchen aufstellen und einige Tropfen Rosmarinöl hineinträufeln.

## Rosmarin als Hausmittel

# Rosmarin-Bad

**Zubereitung:**
① Die getrockneten Rosmarinblätter mit dem Wasser zum Sieden bringen.
② Darin 30 Min. ziehen lassen.
③ Anschließend abseihen und dem warmen Vollbad zugeben.

**Zutaten:**
50 g getrocknete
    Rosmarinblätter
1 l Wasser

# Rosmarin-Tee

**Zubereitung:**
① Das Wasser zum Kochen bringen und damit die Rosmarinblätter überbrühen.
② 10 Min. ziehen lassen.

**Anwendung:**
Jeweils morgens und nachmittags eine Tasse Rosmarin-Tee gegen Erschöpfungszustände und niedrigen Blutdruck trinken. Jedoch nicht während einer Schwangerschaft anwenden!

**Zutaten:**
1 TL Rosmarinblätter
1/4 l Wasser

# Rosmarin-Wein

Zur allgemeinen Stärkung und Erwärmung von innen, dient Rosmarin-Wein, den man fertig beziehen oder auch leicht selbst ansetzen kann.

**Zutaten:**

2 EL getrocknete Rosmarin-Blätter (ggf. aus der Apotheke)

1 Fl. Weißwein

**Zubereitung:**

① Die Rosmarinblätter in eine Flasche mit gutem Weißwein gegeben.

② Die Flasche stellt man auf die warme Fensterbank.

③ Nach 5 bis 6 Tagen werden die Rosmarin-Blätter abgeseiht.

④ Der Wein wird kühl gestellt.

**Anwendung:**

Rosmarin-Wein regt den Kreislauf und die Durchblutung an. Dazu sollte man jeweils ein Likörglas trinken. Allerdings ist der Alkoholgehalt zu beachten!

# Rosmarin-Einreibung

**Zutaten:**

50 g getrocknete Rosmarinblätter (ggf. aus der Apotheke)

1/4 l Franzbranntwein

**Zubereitung:**

① Die getrockneten Rosmarinblätter in eine Flasche geben und mit Franzbranntwein auffüllen.

② Die Flasche stellt man 14 Tage lang auf die Fensterbank und schüttelt sie täglich einmal.

③ Danach die Flüssigkeit abseihen und filtrieren.

**Anwendung:**

Ein bewährtes Hausmittel zur äußeren Anwendung bei rheumatischen Beschwerden und zur Durchblutungsförderung. Nicht zum Einnehmen geeignet!

## Rosmarin als Gewürz:

Heutzutage ist Rosmarin ein beliebtes Gewürz, besonders in der mediterranen Küche. Man kann beim Kochen damit herrliche Akzente setzen. Allerdings sollte Rosmarin sparsam dosiert werden.

Zarte Blättchen und Triebspitzen können das ganze Jahr geerntet werden. Diese eignen sich sowohl frisch als auch getrocknet zum Würzen von Gegrilltem und Braten aller Art, vor allem Lammfleisch, Kaninchen und Hähnchen. Ein besonderes Aroma verleiht Rosmarin auch Bratkartoffeln, Kräuterbutter, Käse, Salat und Gemüsespezialitäten, insbesondere Tomaten, Paprika, Pilzen, Auberginen und Zucchinis. Auch zum Aromatisieren von Essig und Öl ist er geeignet, dabei können frische Triebspitzen bzw. Blätter in Essig eingelegt werden. Zum Kräuteröl sollte man immer getrockneten Rosmarin verwenden.

Besonders gut lässt sich Rosmarin mit anderen Mittelmeer-Kräutern kombinieren, z. B. Thymian, Salbei, Oregano oder Knoblauch.

# Rosmarin-Hörnchen-Konfekt

**Zubereitung:**
1. Butter, Honig und Salz schaumig rühren.
2. Mehl und Backpulver zusieben.
3. Die Rosmarinblätter fein mit dem Wiegemesser zerschneiden. Nur einige Blätter zum Verzieren ganz lassen.
4. Die fein gewiegten Rosmarinblätter und den Schmand zur übrigen Masse geben und miteinander verkneten.
5. Den Teig als Rolle formen und 1 Std. kalt stellen.
6. Den Ofen vorheizen (ca. 180 °C).
7. Den Teig in kleine Scheiben schneiden, daraus mit der Hand Hörnchen formen und auf ein ungefettetes Blech legen.
8. Das Eigelb mit dem Wasser verquirlen und damit die Hörnchen bestreichen.
9. Einige Rosmarinblätter auf die Hörnchen legen.
10. Bei Mittelhitze im vorgewärmten Backofen goldgelb abbacken.

**Zutaten:**
200 g Weizenmehl
(Type 1050)
100 g Butter
2 EL Bienenhonig
1 EL Schmand
2 EL frische Rosmarinblätter
1 Msp. Backpulver
$\frac{1}{2}$ ungespritzte, abgeriebene Zitronenschale
1 frisches Eigelb
1 TL Wasser
1 Pr. Salz

**Beilage:**
Rosmarinhörnchen passen als Konfekt gut zu Tee, Eis und Dessert.

# Käse mit Rosmarin und Oliven eingelegt

**Zutaten:**

250 g Camembert
(30 % Fett i.Tr.)
1/4 l Olivenöl
8 bis 10 Oliven
3 bis 4 ungespritzte
Zitronenscheiben
3 Knoblauchzehen
2 Zweige frischen Rosmarin
oder 1 TL getrocknete
Rosmarinblätter

**Zubereitung:**
① Camembert in Stücke schneiden.
② Knoblauchzehen abziehen.
③ Rosmarinzweige waschen und trocken tupfen.
④ Zitrone heiß waschen und in Scheiben schneiden.
⑤ Alle Zutaten in ein Glas schichten.
⑥ So viel Olivenöl dazugeben, dass alles bedeckt ist.
⑦ Mindestens zwei Tage im Kühlschrank durchziehen lassen.

**Lagerung:**
Der Käse hält sich im Kühlschrank etwa eine Woche.

**Servieren:**
① Zum Essen das Öl von den Käsestücken abtropfen lassen.
② Mit Vollkornbrot servieren.

# Rosmarin-Würz-Öl

**Zutaten:**

1/2 l Olivenöl
2 Zweige getrockneten
Rosmarin
2 kleine getrocknete
Chilischoten
1 EL Koriandersamen
1 Knoblauchzehe

**Zubereitung:**
① Alle Gewürze in eine Flasche geben und mit Olivenöl auffüllen.
② Das Öl ca. 3 Wochen ziehen lassen.

**Beilage:**
Verwendung findet das Rosmarin-Würz-Öl bei Salaten, Gemüse, Marinaden sowie zum Braten und Grillen von Fleisch und Fischgerichten.

*Rosmarinö.*

## Kurzinfo

| | |
|---|---|
| **Herkunft:** | Südeuropa |
| **Standort:** | Sonne |
| | Halbschatten |
| **Familie:** | Lippenblütler |
| **Kultur:** | mehrjähriger Halbstrauch |
| **Blütezeit:** | Juni bis Juli |
| **Höhe:** | bis 70 cm |
| **Ernte:** | frische Blätter: lfd. |
| | krautige Pflanzenteile für |
| | Teevorräte: vor der Blüte |
| **Verwendung:** | W = Würzpflanze |
| | H = Heilpflanze |

*Inhaltsstoffe:*
- *ätherisches Öl*
- *Gerbstoffe*
- *Bitterstoffe*

# Echter Salbei (Salvia officinalis)
»Urdoktor« der Heilpflanzen

## Beschreibung:

Salbei ist eine der ältesten Heilpflanzen und wurde bereits im alten Ägypten verwendet. Wild wachsend finden wir ihn heute noch an kalkhaltigen Felshängen im östlichen Mittelmeerraum.

In unserer Region wird Salbei kulturmäßig angebaut. Er ist ein winterharter, mehrjähriger Halbstrauch, der bis zu 70 cm hoch wird. Im Garten gedeiht er am besten an einem geschützten Standort in sonniger bis halbschattiger Lage. Ratsam ist es, ihn im Herbst zurückzuschneiden und mit Reisig abzudecken. Balkongärtner können ihn auch in Terrakottatöpfe pflanzen. Salbei ist anspruchslos und kommt mit wenig Erde aus.

## Wirkung:

Salbei hat eine antibakterielle, adstringierende (zusammenziehende) Wirkung. Er heilt Entzündungen im Mund- und Halsbereich, wirkt sekretfördernd und schweißhemmend. Inhalationen mit Salbeitee helfen bei trockenen Nasenschleimhaut-Entzündungen besser als Kamille, weil sie die Schleimhaut nicht weiter austrocknen. Auch bei schlecht heilenden Wunden können Bäder und Umschläge mit Salbeitee gemacht werden.

Salbei hat eine abschwellende Wirkung. Außerdem bilden die Gerbstoffe und ätherischen Öle des Salbei auf der Schleimhaut eine Schutzschicht, sodass die Krankheitserreger an der Ausbreitung gehindert werden.

Die innere Anwendung von Salbeitee sollte nicht über längere Zeit erfolgen, denn bei Dauergebrauch und Überdosierung kann Salbei giftig wirken. Halten Sie mit Ihrem Arzt Rücksprache!

**Tipp:** Frische Salbeiblätter gegen Halsschmerzen: Sobald das erste Kratzen im Hals zu spüren ist, sollten frische Salbeiblätter gekaut werden, das ist die einfachste Heilmethode. Der Vorgang wird mehrfach am Tag wiederholt, und die gekauten Blätter werden ausgespuckt.

---

## Salbei als Hausmittel

# Salbei-Tee

gegen Halsschmerzen

### Zubereitung:

**Zutaten:**
2 TL getrocknete Salbeiblätter
1/4 l Wasser

① Das Wasser zum Kochen bringen und damit die Salbeiblätter überbrühen.
② Zugedeckt 10 Min. ziehen lassen und abseihen.

### Anwendung:

Gegen die Halsschmerzen alle 2 Std. mit dem Salbeitee gurgeln.

### Achtung:

**!** Bei Wechseljahrbeschwerden (Schweißausbrüchen) wird oft Salbeitee empfohlen.
**●** Das sollte aber nur in Absprache mit dem Arzt geschehen. Nebenwirkungen sind zu beachten, weil es sich hierbei um eine längere Anwendung handelt.

**Tipp:** Dieser Salbeitee kann bei schlecht heilenden Wunden auch für Umschläge verwendet werden. Darüber hinaus ist er auch als Haarspülung geeignet. Mit einem Schuss Essig bringt er besonders dunkles Haar zum Glänzen.

# Salbei-Mundwasser

kräftigt das Zahnfleisch

**Zutaten:**
10 frische Salbeiblätter
$1/2$ l Wasser
1 Pr. Salz

**Zubereitung:**
① Die Salbeiblätter klein hacken.
② Das Wasser zum Kochen bringen.
③ Die klein gehackten Salbeiblätter überbrühen.
④ Etwas Salz hinzugeben.
⑤ Den Ansatz abseihen und abkühlen lassen.

**Anwendung:**
Den Salbei-Ansatz täglich unverdünnt zur Mundspülung verwenden.

# Salbeihonig

**Zutaten:**
500 g Honig
Saft und Schale einer
  unbehandelten Zitrone
15 frische Salbeiblätter
1 Zimtstange
5 Gewürznelken

**Zubereitung:**
① Zitrone abreiben und auspressen.
② Die abgeriebene Schale und den Saft in den Honig rühren.
③ Die Salbeiblätter, Gewürznelken und Zimtstange ebenfalls hinzugeben.
④ Die Zutaten bleiben im Honig.

**Anwendung:**
Eine sommerlich duftende, heilende Würze für den Kräutertee im Winter oder pur bei Erkältungskrankheiten.

## Salbei als Gewürz

Salbei sollte wegen seines intensiven Aromas sparsam dosiert werden. Frischer Salbei passt in kleinen Mengen zu Salaten, Braten, Grillspeisen, Geflügel, Käse, Nudelgerichten, Tomaten, Wildbret, Aal und Kräuteressig.
Getrockneter Salbei wirkt stärker als frischer Salbei!

# Salbeiblätter
### in Weinteig gebacken

In Weinteig ausgebackene Salbeiblätter sind eine besondere Delikatesse. Vor allem der Dalmatinische Salbei eignet sich dazu, weil seine Blätter größer und kräftiger sind.

**Zubereitung:**
1. Das Mehl mit dem Salz, dem Wein und den beiden Eigelb verrühren.
2. Den Teig ruhen lassen.
3. In der Zwischenzeit das Eiweiß steif schlagen und darunter heben.
4. Das Pflanzenöl in einer Pfanne erhitzen.
5. Die Salbeiblätter an den Stängeln anfassen, in den Teig tauchen und im heißen Öl knusprig backen.
6. Heiß servieren und evtl. mit Löwenzahnsirup garnieren (Herstellung von Löwenzahnsirup s. S. 33).

**Zutaten:**
125 g Weizenvollkornmehl
2 frische Eier
1 Pr. Salz
$1/4$ l Weißwein
20 bis 30 frische Salbeiblätter (z. B. vom Dalmatinischen Salbei)
etwas Pflanzenöl

# Apfel-Salbei-Ringe

**Zutaten:**

500 g Äpfel

1 bis 2 EL gehackte, frische
  Salbeiblätter

200 g Weizenmehl
  (Type 1050)

2 frische Eier

50 g Zucker

$1/8$ l Milch

2 TL Sonnenblumen- oder
  Rapsöl

1 Pr. Salz

Zimtzucker oder Preiselbeer-
  marmelade zum Garnieren

Palmin oder Butterschmalz

**Zubereitung:**

① Aus Mehl, Milch, Eiern, Zucker, Öl und Salz einen zäh-
   flüssigen Teig herstellen.

② Die Salbeiblätter hacken und unter den Teig rühren.

③ Den Teig 20 Min. ziehen lassen.

④ Die Äpfel dünn schälen und in 1 cm dicke Ringe schneiden.

⑤ Das Ausbackfett in einem Topf erhitzen.

⑥ Die Apfelringe mit einer Gabel in den Teig tauchen und
   im schwimmenden Fett goldgelb ausbacken.

⑦ Anschließend im Zimtzucker wenden.

⑧ Heiß servieren und nach Belieben mit Preiselbeermarme-
   lade garnieren.

**Variante:**

Auch Vanillesoße schmeckt sehr gut zu den Salbei-Apfel-
Ringen.

**Tipp:** Dieses Rezept sowie das von Seite 125 eignen sich besonders gut für Aktionen und Großveranstaltungen, da sie sich schnell zubereiten lassen, sehr gut schmecken und das Publikum neugierig machen.

## Kurzinfo

| | |
|---|---|
| **Herkunft:** | Mitteleuropa |
| **Standort:** | Sonne |
| | Halbschatten |
| **Familie:** | Liliengewächse |
| **Kultur:** | mehrjährige Staude |
| **Blütezeit:** | Juni bis Juli |
| **Höhe:** | 20 bis 30 cm |
| **Ernte:** | ganzjährig |
| | Ständiges Schneiden |
| | begünstigt das Wachstum. |
| **Verwendung:** | W = Würzpflanze |
| | H = Heilpflanze |

# Schnittlauch (Allium schoenoprasum)

Der Tausendsassa

### Beschreibung:

Der Schnittlauch ist eine mehrjährige Staude, die zur Familie der Liliengewächse gehört und schon zu Beginn des Frühjahres austreibt. In verschiedenen Gegenden gibt es auch den „wilden" Schnittlauch, der schon ab Januar im Freiland wächst und während der Wintermonate durch sein kräftiges, knoblauchähnliches Aroma die Speisen bereichert. Man findet ihn bevorzugt an geschützten Stellen unter Bäumen und Hecken, dort schauen die grünen Röhren wie Binsen aus dem Schnee, darum heißt er auch „Binsenlauch". Sobald die Bäume Laub tragen, zieht er sich zurück und hält seinen „Winterschlaf".

Der Gartenschnittlauch ist verwandt mit dem „wilden" Schnittlauch, sein Aroma ist jedoch milder, und er steht das ganze Jahr über zur Verfügung.

Gartenschnittlauch kann ausgesät werden oder man vermehrt ihn durch Rhizom-(Wurzel-)Teilung, was einfacher ist. Er keimt nämlich sehr langsam und muss stets nass

*Inhaltsstoffe:*
- ◆ *Mineralstoffe*
- *- Calcium*
- *- Kieselsäure*
- *- Schwefel*
- *- Eisen*
- ◆ *Vitamin C*
- ◆ *ätherisches Öl*
  *(Knoblauchöl)*

gehalten werden. An den Boden stellt er keine großen Ansprüche, aber der Wurzelbereich sollte feucht gehalten sein. Damit das Grün sich kräftig entwickeln kann, werden die holzigen Blütenstängel direkt über dem Erdboden abgeschnitten.

Gartenschnittlauch gedeiht auch in Töpfen auf der Fensterbank, sodass auch er im Winter zur Verfügung steht. Auch im Gemüseladen ist er ganzjährig erhältlich.

### Wirkung:

Insbesondere das Knoblauchöl hat eine antibakterielle, sekret- und verdauungsfördernde sowie wasserbildende Wirkung.

Früher galt Schnittlauch als Mittel für Schönheit und Jugend, denn allen Liliengewächsen wird verjüngende Wirkung zugeschrieben.

## Schnittlauch als Hausmittel:

Täglich frischen Schnittlauch essen stärkt die Abwehrkraft des Körpers und ist eine gute Vorbeugung gegen Erkältungskrankheiten.

## Schnittlauch als Gewürz:

Schnittlauch eignet sich für Suppen, Salate, Kartoffelgerichte, Quark, Butterbrote, Kräuterbutter, Eierspeisen und kalte Soßen.

Schnittlauch ist sehr vielseitig zu verwenden, sollte aber nie mitgekocht werden!

Die Schnittlauchblüten kann man zum Dekorieren kalter Platten nutzen.

# Schnittlauchbutter

**Zubereitung:**

①  Die Butter weich rühren.

②  Zitronensaft, Salz, Pfeffer und Schnittlauchröllchen dazugeben.

③  Zudecken, durchziehen lassen und kühl stellen.

**Lagerung:**

Die kalt gestellte Schnittlauchbutter ist mehrere Tage haltbar.

**Zutaten:**

125 g Butter
4 EL gehackten Schnittlauch
1 EL Zitronensaft
1 Pr. Salz
1 Pr. Pfeffer

# Schnittlauchquark

**Zubereitung:**

①  Quark mit Milch verrühren und mit Salz abschmecken.

②  Den Kümmel ohne Fett in der Pfanne anrösten und dann im Mörser zerstoßen.

③  Den Schnittlauch waschen und in Röllchen schneiden.

④  $2/3$ des Schnittlauchs und den zerstoßenen Kümmel in den Quark geben.

⑤  $1/2$ Std. durchziehen lassen.

⑥  Den Quark anrichten und mit dem restlichen Schnittlauch bestreuen.

**Beilage:**

Zum Schnittlauchquark passen Folienkartoffeln oder Pellkartoffeln.

**Zutaten:**

500 g Magerquark
$1/8$ l Milch
etwas Salz
1 TL Kümmel
2 Bund Schnittlauch

## Kurzinfo

**Herkunft:** Nordeuropa
**Standort:** Halbschatten
**Familie:** Doldenblütler
**Kultur:** mehrjährige Staude
**Blütezeit:** Mai bis Juni
**Höhe:** bis 150 cm
**Ernte:** frische Blätter: lfd.
Früchte (Samen): im Juli
**Verwendung:** W = Würzpflanze
H = Heilpflanze

*Inhaltsstoffe:*
- *Vitamin-C-Gehalt*
  *(233 mg auf 100 g*
  *Frischgewicht)*
- *ätherische Öle*

# Süßdolde (Myrrhis odorata)

Nomen est omen

## Beschreibung:

Die Süßdolde, auch Myrrenkerbel oder Aniskerbel genannt, ist eine ganz besondere Würzpflanze mit sehr aromatischem Samen. Sie gehört zu den Doldenblütlern, bevorzugt einen nährstoffreichen Boden und braucht viel Platz, um sich entfalten zu können.

Selten ist diese attraktive Pflanze mit dem farnähnlichen Laub in den Gärten anzutreffen – vielleicht liegt es an der schwierigen Aussaat. Der Samen muss eine Frostperiode lang in der Erde liegen (Frostkeimer). Es ist ratsam, die erste Pflanze in einer Kräutergärtnerei zu kaufen, später sät sie sich dann von selbst aus.

Die Süßdolde kann bis zu 150 cm hoch werden, ist eine winterharte Staude, verholzt nicht und treibt jedes Jahr wieder aus.

**Wirkung:**
Die ätherischen Öle haben eine magenstärkende, verdauungsfördernde und krampflösende Wirkung. Aber nicht nur auf die Verdauungsorgane hat die Pflanze einen positiven Einfluss, sondern auch auf die oberen Luftwege. So bringt sie z. B. auch bei Asthma Linderung.

## Süßdolde als Hausmittel:

Den grünen Samen kann man pur essen, also direkt von der Pflanze pflücken und kauen. Die Wirkstoffe werden sofort durch die Schleimhaut aufgenommen, sie lösen den Schleim und erfrischen den Atem.

## Süßdolde – Verwendung als Gewürz

Die Pflanze liefert während der gesamten Vegetationsperiode, von März bis November, zartes, aromatisches Würzkraut. Blätter und Samen schmecken leicht süßlich anisähnlich, darum nennt man die Süßdolde auch „Aniskerbel". Die Blätter und Samen helfen den Zuckerverbrauch zu reduzieren. So ersetzen sie ihn in Obstsalat, Fruchtspeisen oder Kompott. Zudem passen Süßdoldenblätter gut zu Rohkostsalaten, zartem Gemüse, Kräuterbutter und feinen Suppen. Die Blätter werden am besten frisch verwendet, nicht mitgekocht, sondern erst an die fertigen Speisen gegeben.
Zum Trocknen eignet sich das Kraut nicht, da es sein Aroma verliert. Einfrieren ist jedoch kein Problem.
Eine besondere Delikatesse sind die grünen Samen, die bis zu 3 cm lang werden. Sie sind sehr aromatisch und können klein gehackt über Fruchtsalate, Desserts oder Müsli gestreut werden.

# Feine Süßdolde-Suppe

**Zutaten:**

*Mengen für 4 Personen*

3 bis 4 EL Süßdoldenblätter

3 EL Sonnenblumenöl

2 EL Mehl (Type 1050)

$^3/_4$ l klare Gemüsebrühe
(Instant)

1 Zwiebel

4 EL süße Sahne

1 frisches Eigelb

3 EL Weißwein

etwas Salz

Toastbrot-Scheiben

**Zubereitung:**

① Die Gemüsebrühe zubereiten und erkalten lassen.

② Die Zwiebel fein hacken, in Öl glasig dünsten und mit Mehl bestäuben.

③ Die kalte Brühe und den Wein zugeben und mit dem Schneebesen einrühren.

④ 5 Min. leicht kochen lassen.

⑤ Die gewaschenen und gehackten Süßdoldenblätter dazugeben.

⑥ Die Sahne mit dem Eigelb verquirlen und unterrühren.

⑦ Vom Herd nehmen und mit wenig Salz abschmecken.

⑧ Nach Belieben mit gerösteten Toastwürfeln anrichten.

# Apfelsalat mit Süßdolde

**Zutaten:**

1 kg Äpfel

1 Gemüsezwiebel

1 Zitrone

1 Becher Vollmilch-Joghurt
(150 g)

3 EL gehackte
Süßdoldenblätter

einige grüne Früchte der
Süßdolde

1 TL gemahlene Anissamen

1 EL Honig

1 Pr. Salz

Der Salat ist sehr erfrischend und auch als Vorspeise gut geeignet.

**Zubereitung:**

① Äpfel waschen, schälen, in kleine Würfel schneiden und sofort mit Zitronensaft beträufeln.

② Die Zwiebel schälen, fein schneiden, mit den Äpfelwürfeln mischen.

③ Joghurt, Anis, Honig und Süßdoldenblätter dazugeben.

④ Mit einer Pr. Salz abschmecken.

⑤ Zugedeckt durchziehen lassen.

⑥ Die grünen Früchte (Samenschoten) der Süßdolde hacken und über den Rohkostsalat streuen.

# Süßdolde-Essig

**Zutaten:**

1 Fl. Weißwein-Essig

1 Handvoll Süßdoldenblätter

10 grüne Süßdolden-Samen

**Zubereitung:**

① Alle Zutaten in eine weithalsige Flasche füllen.

② 3 Wochen auf die Fensterbank stellen und täglich schütteln.

## Kurzinfo

| | |
|---|---|
| Herkunft: | Mittelmeerraum |
| Standort: | Sonne |
| Familie: | Lippenblütler |
| Kultur: | mehrjähriger Halbstrauch |
| Blütezeit: | Juni bis August |
| Höhe: | bis 40 cm |
| Ernte: | frische Blätter zum Kochen: lfd. ganzes Kraut für Tees: vor der Blüte |
| Verwendung: | W = Würzpflanze |
| | H = Heilpflanze |

**Inhaltsstoffe:**
- ◆ *ätherisches Öl*
- ◆ *Thymol*

# Echter Thymian (Thymus vulgaris)
## Antibiotikum der armen Leute

### Beschreibung:

Thymian ist sehr anspruchslos. Er gedeiht am besten auf nährstoffarmen, steinigen Böden, möglichst in sonniger Hanglage. Der mehrjährige Halbstrauch gehört zur Familie der Lippenblütler. Er stammt aus dem Mittelmeerraum, wächst dort wild. Bei uns wird die Pflanze im Garten kultiviert.

Thymian eignet sich zur Bepflanzung von Kräuterspiralen, Terrakottagefäßen und Balkonkästen.

Der kleine Bruder „Quendel" (Bild oben), der auch Feldthymian genannt wird, kann im Steingarten angepflanzt werden. Er wächst wild auch auf Trockenrasen und ist eine hervorragende Bienenweide.

**Wirkung:**

Der Thymian hat eine krampf- und schleimlösende sowie antiseptische Wirkung. Durch seine bakteriziden und fungiziden Eigenschaften, mit denen er Bakterien und Pilze bekämpft, galt Thymian früher als das „Antibiotikum" der armen Leute.

Er ist Bestandteil von Fertigarzneien, z. B. von Hustentropfen, Tinkturen oder Mund- und Gurgelwasser. Hauptsächlich bei krampfartigem Husten, Bronchitis und Katarrhe der oberen Luftwege wird Thymian verwendet. Ein Thymianbad bei grippalen Infekten kann den Heilungsprozess unterstützen.

## Thymian als Hausmittel

# Thymian-Bad

**Zubereitung:**

① Das Wasser zum Kochen bringen und über das Thymiankraut gießen.

② 15 bis 20 Min. zugedeckt ziehen lassen, abseihen und in das Vollbad geben.

**Anwendung:**

Ein Thymian-Bad ist gut gegen Husten, Erkältung und Rheuma. Fertige Thymian-Badezusätze sind in Apotheken erhältlich.

**Zutaten:**
100 g Thymiankraut
2 l Wasser

# Thymian-Husten-Tee

**Zutaten:**

1 TL getrocknetes Thymian-
    kraut

1/4 l Wasser

**Zubereitung:**

① Das Wasser zum Kochen bringen und über das Thymian-
    kraut gießen.

② 10 Min. ziehen lassen.

**Anwendung:**

Auch auf den Magen-Darmbereich hat Thymiantee eine anregende Wirkung. Die Speisen werden besser verdaut, Blähungen und Gärungsprozesse werden beseitigt.

Täglich 3x eine Tasse warmen Thymian-Husten-Tee trinken. Nach Belieben mit Honig süßen.

**Tipp:** Thymian-Husten-Tee kann auch für Umschläge und Bäder bei schlecht heilenden Wunden verwendet werden. Auch als Fußbad unterstützt er die Therapie bei Fußpilzerkrankungen.

## Thymian als Gewürz:

Da Thymian einen positiven Einfluss auf das Verdauungssystem hat, eignet er sich besonders gut zum Würzen von Fleisch, Grillspezialitäten, Eierspeisen, Käse, Pizza und Gemüsegerichten beispielsweise aus Pilzen, Tomaten oder Hülsenfrüchten.

Im Sommer ist Thymian frisch auf Wochenmärkten und in Gemüsegeschäften erhältlich. Ganzjährig kann man ihn in getrockneter und gerebelter Form im Handel kaufen.

Thymian sollte vorsichtig dosiert werden, sein Aroma ist sehr intensiv! 1 Teelöffel getrockneter Thymian entspricht der Würzkraft von einem Esslöffel frisch gehacktem Kraut.

Thymian verträgt sich geschmacklich mit Zwiebeln, Knoblauch, Petersilie und Salbei. Gut lässt sich Thymian in einer Würzmischung mit Rosmarin und Bohnenkraut kombinieren. Mit dieser Mischung kann Pfeffer ersetzt werden.

Zum Würzen in der Küche eignet sich besonders gut Zitronenthymian (Thymus citrodorus). Er hat ein zitronenähnliches erfrischendes Aroma und schmeckt lieblicher als Echter Thymian (Thymus vulgaris). Zudem lässt er sich leicht im Garten oder Terrakottatopf an einem sonnigen Platz anbauen.

# Herzhafter Tomaten-Speckkuchen mit Thymian

**Zubereitung:**

1. Den Blätterteig nach Anweisung auftauen lassen.
2. Die Teig-Scheiben übereinander legen und zu einem Rechteck (ca. 25 x 35 cm) ausrollen.
3. Das Backblech mit kaltem Wasser absprühen und mit dem Blätterteig auslegen.
4. Die Teigplatte zuerst mit Semmelbrösel und dann mit Käse bestreuen.
5. Dann die Tomaten- und Schinkenspeckscheiben darauf verteilen.
6. Alles mit Thymian, Salz und frisch gemahlenem Pfeffer bestreuen.
7. Im vorgeheizten Backofen 25 bis 30 Min. bei 220 °C backen. (Umluft: 190 °C, Gasherd: Stufe 4).
8. Heiß servieren.

**Zutaten:**

*für ein Blech:*
1 P. tiefgefrorener Blätterteig
500 g Tomaten (geschnitten)
125 g geräucherte, durchwachsene Schinkenspeckscheiben
100 g (geriebenen) Emmentaler
2 EL Semmelbrösel
1 EL getrockneten und gerebelten Thymian
etwas Salz
etwas Pfeffer

# Quendelsuppe

**Zubereitung:**

1. Den Quendel klein hacken und in Butter andünsten.
2. Langsam den Dinkelschrot dazurühren und zu einer goldgelben Schwitze verarbeiten.
3. Nach und nach die Gemüsebrühe hinzugießen.
4. Die übrigen Kräuter dazugeben und etwa 15 Min. bei kleiner Hitze köcheln lassen.
5. Kurz vor dem Servieren mit der Sahne verrühren und mit Salz, Pfeffer und Muskatpulver abschmecken.

**Zutaten:**
2 Hände voll frischen Quendel (Feldthymian, Thymus pulegioides)
1 Tasse Dinkelschrot
2 EL Butter
1 1/2 l Gemüsebrühe
3 bis 4 Blättchen Ysop
3 bis 4 Blättchen Liebstöckel
2 EL süße Sahne
1 Msp. Muskatpulver
etwas Salz
etwas schwarzer Pfeffer

## Kurzinfo

| | |
|---|---|
| **Herkunft:** | Asien |
| **Standort:** | Sonne, Halbschatten |
| **Familie:** | Liliengewächse |
| **Kultur:** | zweijährig |
| **Blütezeit:** | im 2. Jahr |
| **Höhe:** | bis 80 cm |
| **Ernte:** | frische Schlotten: sobald die Pflanzen kräftig genug sind. Zwiebeln: von Juli bis August |
| **Verwendung:** | W = Würzpflanze H = Heilpflanze |

*Inhaltsstoffe:*
- *Allicin*
- *Senföle und andere schwefelhaltige Verbindungen*

# Zwiebel (Allium cepa)
### Stärkt die Abwehr

### Beschreibung:

Die Zwiebel gehört zu den Liliengewächsen, genau wie Knoblauch, Schnittlauch und Porree. Im Garten können außer der normalen Küchenzwiebel (Allium cepa) auch andere Sorten angebaut werden. Alle Zwiebeln brauchen einen sonnigen, geschützten Standort. Sie sind gute Mischkulturpflanzen und vertragen sich vor allem mit Doldenblütlern, wie z. B. Möhren und Petersilie. Geerntet werden die Zwiebeln von Juli bis September, wenn das Laub verwelkt ist. Bevor sie in den Vorrat kommen, müssen sie trocken sein. Es ist nicht unbedingt notwendig, Zwiebeln selbst anzubauen, denn der Gemüsehandel bietet ganzjährig eine reiche Auswahl an – von der zarten Frühlingszwiebel bis zur Gemüsezwiebel und auch rote wie weiße Sorten. Die Gemüsezwiebel ist milder im Geschmack als die Gewürzzwiebeln, deshalb eignet sie sich gut zum Füllen, Grillen und Schmoren. Als Gartenzwiebeln findet man vorwiegend folgende Sorten vor:

- normale Küchenzwiebel (Allium cepa)
- Schalotte. Sie ist zwar klein, aber sehr aromatisch.
- Winterheckenzwiebel: Sie kann schon früh geerntet werden.
- Luft- oder Etagenzwiebeln: Sie bilden kleine Nester mit Brutzwiebeln an den 1,5 m hohen Zwiebelschlotten.

### Wirkung:

Die Zwiebel hat ähnlich gesundheitsfördernde Eigenschaften wie der Knoblauch: einen günstigen Einfluss auf die Blutwerte und das Herz-Kreislauf System. Zwiebeln sind pflanzliche Antibiotika, denn der Inhaltsstoff Allicin hat eine antibakterielle, entzündungshemmende Wirkung. Zwiebeln stärken das Immunsystem und sind gut zur Vorbeugung gegen Husten, Schnupfen und grippale Infekte. Darüber hinaus wirken sie schleimlösend und befreien die Bronchien vom Sekretstau.

**Tipp:** Selbst bei Insektenstichen hilft die Zwiebel: Rohe Zwiebelscheiben auf die Einstichstelle legen. Dies wirkt entzündungshemmend und schmerzlindernd.

## Zwiebeln als Hausmittel:

Zwiebeln helfen Erkältungskrankheiten vorzubeugen. Dazu bedarf es nicht viel:
- Im Winter täglich rohe Zwiebelscheiben auf dem Butterbrot essen.
- Bei den ersten Anzeichen einer beginnenden Erkältung sofort eine heiße pikante Zwiebelsuppe (siehe Rezept S. 141) kochen und essen. Sie regt die Durchblutung im gesamten Nasen-Rachenraum an und stärkt die Abwehrkräfte.

# Zwiebelsirup

### Zubereitung:
1. Die Zwiebeln hacken und in einen Kochtopf geben.
2. Den braunen Kandis und das Wasser dazugeben.
3. Alles ein paar Minuten kochen lassen.
4. Der Sud muss dann einige Stunden ziehen.
5. Dann wird er abgeseiht.

**Zutaten:**
3 Zwiebeln
5 EL braunen Kandis
1/4 l Wasser

### Anwendung:
Bei Erkältung vier- bis fünfmal täglich einen EL davon nehmen.

# Zwiebelwein

**Zutaten:**

4 mittelgroße Zwiebeln
100 g Honig
1 Fl. Weißwein

**Zubereitung:**

① Die Zwiebeln schälen, fein schneiden und in eine Weithalsflasche geben.
② Honig und Weißwein hinzufügen.
③ Diesen Ansatz lässt man 4 Tage stehen und schüttelt ihn öfter.
④ Danach werden die Zwiebeln abgeseiht und der Zwiebelwein in Flaschen gefüllt.
⑤ Der Zwiebelwein soll kühl gestellt werden.

**Anwendung:**

Er wirkt stoffwechselanregend und harntreibend und kann kurmäßig ca. 4 Wochen lang dreimal täglich ein Likörglas voll eingenommen werden.

# Zwiebelsaft

**Zutaten:**

Zwiebelscheiben
Bienenhonig

**Zubereitung:**

① Die Zwiebelscheiben schichtweise mit dem Bienenhonig in ein Glas geben.
② Über Nacht ziehen lassen.

**Lagerung:**

Der Zwiebelsaft hält sich einige Tage.

**Anwendung:**

Alle 2 bis 3 Stunden 1 Teelöffel voll Zwiebelsaft einnehmen, hilft gegen Erkältungskrankheiten und regt den Kreislauf an.

Tipp: Für den Ansatz kann auch schwarzer Rettich verwendet werden. Dieser wirkt auch gegen Erkältungskrankheiten.

## Zwiebeln – Verwendung als Gewürz

Zwiebeln sind in der Küche unentbehrlich, ob frisch, geröstet oder gedünstet, sie verleihen vielen Gerichten erst die richtige Würze. Zu allen pikant gewürzten Speisen gehören

Zwiebeln, so z. B. zu Salaten, Suppen, Marinaden, Quark, Rohkost, Fleisch und Fischspeisen, Kartoffeln, Eier- und Käsegerichten.

Der Volksmund sagt: „Zwiebel passen zu allem, außer zum Griesbrei."

# Pikante Zwiebelsuppe

## Zubereitung:

① Die Zwiebeln schälen, in feine Ringe schneiden und in Öl goldgelb andünsten.
② Majoran dazugeben und mit Gemüsebrühe auffüllen.
③ Alles 20 Min. leicht kochen lassen.
④ Wein hinzugeben.
⑤ Mit Salz, Pfeffer oder Tabasco abschmecken.
⑥ Heiß servieren.

## Variante: Überbackene Zwiebelsuppe

① Die fertige Suppe in Suppentassen füllen.
② Die getoasteten Brotscheiben dünn mit Butter bestreichen und mit Käse bestreut auf die Suppe legen.
③ Die Suppe im Ofen oder im Mikrowellenherd überbacken bis der Käse geschmolzen ist.

## Anwendung:

Diese Suppe ist gut gegen Schnupfen und Erkältung.

**Zutaten:**
500 g Zwiebeln
3 bis 4 EL Öl
1 l Gemüsebrühe
1/4 l Weißwein
1 TL getrockneten Majoran
etwas Salz
etwas Pfeffer oder Tabasco

*Zum Überbacken:*
4 Scheiben Vollkorn-Toastbrot
4 bis 6 EL geriebenen Käse

# Zwiebelsalat
mit Äpfeln

## Zubereitung:

① Die Gemüsezwiebel schälen, halbieren und in kleine Scheiben hobeln.
② Ebenso mit den Äpfeln verfahren.
③ Aus Joghurt, Zitronensaft und Gewürzen eine Marinade herstellen, indem man alle Zutaten mischt und kurz durchziehen lässt.
④ Den Zwiebel-Apfel-Salat mit Kräutern garnieren.

**Zutaten:**
1 große Gemüsezwiebel
2 Äpfel
1 Becher Vollmilch-Joghurt
Saft einer Zitrone
1 Pr. Salz
etwas Petersilie oder
   Schnittlauch

# Zwiebelkuchen
fränkischer Art

**Zutaten:**

*Hefeteig:*
375 g Weizen-Vollkornmehl
1/2 TL Salz
1/8 l Milch
1 frisches Ei
4 EL Öl
20 g Hefe
1 TL gemahlenen Kümmel
  und 1/2 TL Koriander

*Belag:*
1 kg Zwiebeln
40 g Butter
50 bis 80 g Schinkenspeck
1 Becher sauren Rahm (200 g)
2 frische Eier
etwas Salz
etwas Kümmel

**Zubereitung:**
1. Aus den Zutaten einen mittelfesten Hefeteig herstellen, gehen lassen, auswellen und auf ein gefettetes Blech geben.
2. Die Zwiebel schälen, in Ringe schneiden und in Butter und Speck andünsten bis sie glasig sind. Dann vom Herd nehmen und abkühlen lassen.
3. Rahm, Eier, Salz und Kümmel gut verschlagen. Zwiebelringe untermengen, auf den gegangenen Hefeteig gleichmäßig verstreichen. Bei guter Mittelhitze (200 °C) im vorgeheizten Ofen ca. 30 Min. backen.

Als Getränke passen gut: Bier, Wein oder Federweißer.

# Frühlings-Dip mit jungen Zwiebeln

**Zutaten:**
500 g Magerquark
1 Becher Sauerrahm (200 g)
1/2 Salatgurke
1 Bund Radieschen
3 bis 4 Frühlingszwiebeln mit Schlotten
1 Knoblauchzehe
etwas Salz
etwas Pfeffer aus der Mühle

**Zubereitung:**
1. Gurke, Radieschen und Frühlingszwiebeln waschen und zerkleinern.
2. Die Knoblauchzehe schälen und zerdrücken.
3. Quark und Sauerrahm mit dem Schneebesen verrühren und alles mischen.
4. Den Frühlings-Dip mit Salz und Pfeffer abschmecken und 1/2 Std. zugedeckt durchziehen lassen.

**Beilage:**
Kartoffeln, Fladenbrot oder Vollkornbrot

# Alte Heilpflanzen
der bäuerlichen Hausapotheke

## Kurzinfo

| | |
|---|---|
| **Herkunft:** | Heimischer Strauch |
| **Standort:** | Gärten |
| | Feldflur |
| | Waldrand |
| | Nähe menschlicher |
| | Siedlungen |
| **Familie:** | Geißblattgewächse |
| **Kultur:** | ausdauernd |
| **Blütezeit:** | Mai bis Juni |
| **Höhe:** | Bis 10 m |
| **Ernte:** | Blüten: Mai bis Juni |
| | Früchte: September |
| **Verwendung:** | H = Heilpflanze |
| | W = Würzpflanze |

*Inhaltsstoffe:*
- ◆ *ätherische Öle*
- ◆ *Glykoside*
  *(schweißtreibend)*
- ◆ *Flavonoide*
- ◆ *Gerbstoffe*
- ◆ *Vitamine*
- ◆ *Mineralstoffe*

# Schwarzer Holunder (Sambucus nigra)
## Ein Schatz vor der Haustür

### Beschreibung:

Der Holunder, den man auch Fliederbeere nennt, ist ein großer Strauch aus der Familie der Geißblattgewächse, er kann bis zu 10 m hoch werden und ist in ganz Europa verbreitet. Es gibt nur wenige Wildpflanzen, die in der Volksmedizin so beliebt sind wie der Schwarze Holunder. Der Volksmund sagt: „Wenn du am Hollerbusch vorbeigehst, dann musst du deinen Hut ziehen!"

Daraus wird deutlich, dass unsere Vorfahren den Holunder und seine Heilkraft zu schätzen wussten.

Der Holunder bevorzugte schon immer die Nähe menschlicher Behausungen. Wir finden ihn auf nährstoffreichen Böden in Dörfern, an Stallungen, Scheunen und in Gärten. Die Blüten und Früchte des Holunders lassen sich vielseitig verwenden, vom altbewährten Hausmittel bis hin zu kulinarischen Köstlichkeiten.

## Verwechslungsgefahr:

**!●** Zur Familie der Geißblattgewächse gehört auch der Zwergholunder (Attich), der ebenfalls weiße Doldenblüten trägt und oft in der Nähe des Schwarzen Holunders wächst. Es handelt sich dabei um eine krautige Staude, die nur 150 cm hoch wird und giftig ist!

## Wirkung:

Blüten und Früchte haben eine schweißtreibende Wirkung und mobilisieren unsere körpereigenen Abwehrkräfte besonders gegen Erkältungskrankheiten. Darüber hinaus wird Holunderblütentee als unterstützendes Hausmittel gegen Rheuma eingesetzt.

Blätter und Rinde sollten nicht verwendet werden, sie enthalten ein Blausäure abspaltendes Glykosid, ebenso die unreifen Holunderbeeren, die Übelkeit hervorrufen können. Darum nur die reifen Früchte ernten und auch keine rohen Beeren essen. Darauf sind vor allem Kinder hinzuweisen!

Durch das Erhitzen beim Entsaften wird die Blausäure der Beeren unschädlich gemacht. Der Holunderbeersaft ist sehr zu empfehlen, denn er ist reich an Vitaminen und Mineralstoffen. Er ist nicht nur ein bewährtes Mittel gegen Erkältungskrankheiten.

## Holunder als Hausmittel:

Getrocknete Holunderblüten sind in Apotheken und im Kräuterfachhandel erhältlich. Die Blütendolden können natürlich auch während der Blütezeit im Mai/Juni selbst gesammelt werden. Wichtig ist ein sorgfältiges schonendes Trocknen, damit die Wirkstoffe erhalten bleiben.

### Tipps zum Trocknen:

Die Holunderblüten-Dolden bei sonnigem Wetter abschneiden. Nicht waschen! Die dicken Stiele entfernen, locker auf einem mit Stoff bespannten Holzrahmen ausbreiten, sodass von unten und oben Luft an die Blüten kommen kann. Die getrockneten Blüten sollten eine gold-gelbe Farbe haben und noch angenehm und intensiv duften! Sind die Blüten durch unsachgemäßes Trocknen braun fermentiert, haben sie keine Heilwirkung mehr. Trocknen sollte man weder im Backofen noch in der prallen Sonne!

# Heißer Holunderbeeren-saft

hilfreich gegen Erkältung

**Zutaten:**

1/2 Tasse Holundersaft (mit
   Dampfentsafter gewonnen)
1/2 Tasse kochendes Wasser
oder Früchtetee
Honig nach Geschmack.

**Zubereitung:**

① Zur 1/2 Tasse Holundersaft das kochende Wasser oder
   den heißen Früchtetee hinzugeben.
② Nach Belieben mit Honig süßen.
③ Das heiße Getränk umrühren und sofort trinken.

**Anwendung:**

Ein einfaches, gutes Hausmittel, von dem mehrfach am Tag
eine Tasse schluckweise getrunken gegen Erkältungskrankheiten wirkt.

**Tipp:** Es ist darauf zu achten, dass
der mit dem Dampfentsafter herge-
stellte Holunderbeerensaft sehr konzen-
triert ist. Er sollte keinesfalls pur
verwendet werden, da die konzentrierten
Wirkstoffe Herzklopfen und Herzrasen
hervorrufen können.

# Holunderblüten-Tee

**Zutaten:**

2 gehäufte TL getrocknete
   Holunderblüten
1/4 l kochendes Wasser

**Zubereitung:**

① Die getrockneten Holunderblüten mit 1/4 l kochendem
   Wasser übergießen.
② 10 Min. ziehen lassen.

**Anwendung:**

Bei fieberhafter Erkältung heiß trinken.
Zur Vorbeugung und bei rheumatischen Beschwerden genügt
bereits 1 TL voll Holunderblüten auf 1/4 l Wasser.
Falls der Tee kurmäßig angewendet wird, trinkt man
3 Wochen lang täglich 1 Tasse Tee.

## Holunder als Wildfrucht-Spezialität:

Selten bietet eine Wildpflanze so viele Verwendungsmöglichkeiten im kulinarischen Bereich, wie der Holunder. Aus seinen Blüten und Früchten lassen sich z. B. gebackene Holunderblüten, Desserts, Gelees, Marmeladen, Suppen, Liköre, Punsch, Sirup, Erfrischungsgetränke und vieles mehr herstellen.

# Holunderblüten-Dolden in Backteig

**Zubereitung:**

1. Die frischen Holunderblütendolden locker in einen Korb legen. Die kleinen Insekten verschwinden dann von selbst.
2. Die frischen Blüten möglichst nicht waschen, sonst wird das Gebäck nicht locker. Will man sie doch waschen, dann müssen sie sehr gut abgetupft werden!
3. Das Mehl in eine Schüssel sieben.
4. Die Eier trennen.
5. Eigelb, Milch, Öl und eine Pr. Salz mit dem Mehl zu einem dickflüssigen Teig verrühren.
6. Den Eischnee steif schlagen und unter den Teig heben.
7. In einer Pfanne das Ausbackfett erhitzen.
8. Die Blütendolden in den Backteig eintauchen und in heißem Fett schwimmend ausbacken.
9. Auf Küchenkrepp abtropfen lassen.
10. Mit Zucker und Zimt bestreuen.
11. Heiß servieren.

**Zutaten:**

12 bis 15 frische
　Holunderblütendolden
200 g Mehl (Typ 1050)
2 frische Eier
$1/4$ l Milch
2 TL Öl
1 Pr. Salz
Ausbackfett
etwas Zucker
etwas Zimt

# Holunderblüten-»Sekt«

**Zutaten:**

15 bis 20 Holunderblüten-
 dolden
5 l Wasser
300 g Zucker
0,1 l Obstessig
1 unbehandelte Zitrone
1 Handvoll Zitronenme-
 lissen-Blätter
Eiswürfel zum Servieren

**Zubereitung:**

① Das Wasser in einen großen Topf gießen.

② Den Zucker und den Essig in das Wasser hineinrühren.

③ Die frischen Holunderblütendolden dazugeben. Vorher ist darauf zu achten, dass die Holunderblüten frei von Insekten sind.

④ Die Zitrone in dünne Scheiben schneiden und hineinlegen.

⑤ Die Flüssigkeit etwa 20 Std. an einem warmen Ort ziehen lassen.

⑥ Anschließend die gewaschenen Blätter der Zitronenmelisse dazugeben und ca. 3 bis 4 Std. in den Kühlschrank stellen.

⑦ Danach wird das Getränk abgeseiht und in Gläsern serviert.

⑧ Nach Belieben können noch ein paar Eiswürfel und frische Zitronenmelissenblätter in jedes Glas gegeben werden.

# Apfel-Holunderblütengelee

**Zutaten:**

20 frische
 Holunderblütendolden
3/4 l Apfelsaft
1 TL Ascorbinsäure (Apotheke)
1 kg Gelierzucker

**Zubereitung:**

① Die frischen Blüten kurz auslegen oder gut schütteln, damit kleine Insekten verschwinden.

② Die dicken Stiele entfernen und die Blütendolden in eine Schüssel legen.

③ Die Ascorbinsäure darüber streuen und mit Apfelsaft begießen.

④ Den Ansatz einen Tag lang zugedeckt stehen lassen.

⑤ Dann durch ein Sieb in einen Topf gießen und mit Gelierzucker verrühren.

⑥ Alles erhitzen und 4 Min. sprudelnd kochen lassen.

⑦ Heiß in saubere Gläser füllen und verschließen.

**Tipp:** Besonders hübsch sieht das Gelee aus, wenn zum Schluss in die kochende Flüssigkeit einige Blüten gestreut werden.

# Holunderpunsch
ohne Alkohol

**Zubereitung:**
1. Den Tee aufbrühen und 5 Min. ziehen lassen.
2. Dann wird er durchgesiebt und mit Holundersaft in einem Topf erhitzt.
3. Die Gewürze dazugeben und alles 5 bis 10 Min. ziehen lassen. Nicht kochen!
4. Nach Belieben mit Honig oder Kandiszucker süßen und mit Zitronensaft abschmecken.

**Anwendung:**
Den Holunderpunsch möglichst heiß trinken.

**Zutaten:**
1/2 l Holundersaft (mit Dampfentsafter gewonnen)
1/4 l schwarzer Tee
1 Zimtstange
4 bis 5 Gewürznelken
1/4 TL gemahlenen Ingwer
Saft einer Zitrone
Honig oder braunen Kandiszucker

# Holunderbeerensuppe/ Holunderbeerenkaltschale

**Zutaten:**

1 kg Holunderbeeren

1 l Wasser

1 Zimtstange

2 bis 3 Nelken

Saft einer Zitrone

3 Äpfel

20 bis 30 g Stärkemehl

50 bis 80 g Zucker

**Tipp:** Falls keine frischen Holunderbeeren vorhanden sind, kann auch Holunderbeersaft mit Wasser verdünnt dazu verwendet werden.

**Zubereitung:**

① Die gut ausgereiften Holunderbeeren mit einer Gabel von den Dolden abstreifen und waschen.

② Die Beeren mit etwas Wasser weich kochen und durch ein Sieb passieren.

③ Das Fruchtmark mit dem Liter Wasser auffüllen und mit Zucker, Zimtstange und Nelken in einem Topf zum Kochen bringen.

④ Die Äpfel schälen und in Spalten schneiden.

⑤ Die Apfelspalten in die Suppe geben und kurz mitkochen lassen.

⑥ In der Zwischenzeit das Stärkemehl mit kaltem Wasser anrühren und die Suppe damit binden.

⑦ Die Suppe mit Zitronensaft abschmecken und heiß oder kalt – als Kaltschale – servieren.

**Servieren:**

Die heiße Suppe kann mit Grießklößchen serviert werden und die Kaltschale mit Sahnehäubchen.

# Holunder-Sirup

**Zutaten:**

500 g reife Holunderbeeren

500 g Zucker

1 l Wasser

5 Nelken

1 Zimtstange

**Zubereitung:**

① Die verlesenen, gewaschenen Beeren in einen Topf geben und mit Wasser übergießen.

② 20 Min. kochen lassen.

③ Den Saft abseihen, Zucker und Gewürze hinzufügen und nochmals zum Kochen bringen.

④ Das Ganze 15 Min. leise köcheln lassen.

⑤ Die Gewürze entfernen.

⑥ Nun den fertigen Sirup heiß in saubere Flaschen füllen, verschließen und kühl aufbewahren.

**Beilage:**

Dieser Holunder-Sirup kann vielfältig verwendet werden, z. B. mit Wasser verdünnt als Heiß- oder Kaltgetränk, als Fruchtsoße zu Milchreis oder zu Vanillepudding.

## Kurzinfo

| | |
|---|---|
| **Herkunft:** | Europa |
| **Standort:** | Sonne |
| | Brachland |
| | Wegränder |
| **Familie:** | Hartheugewächse |
| **Kultur:** | mehrjährige Staude |
| **Blütezeit:** | Juni bis August |
| **Höhe:** | 50 bis 100 cm |
| **Ernte:** | Blätter und Blüten für Tee: Blütezeit |
| | Blüten für Öl und Tinkturen: Blütezeit |
| **Verwendung:** | H = Heilpflanze |

# Johanniskraut (Hypericum perforatum)
## Sonne für die Seele

### Beschreibung:

Die leuchtend gelb blühende Pflanze entfaltet ab Juni ihre Schönheit, sie wächst bevorzugt auf sonnigem Brachland an trockenen Wald- und Wegrändern und auf lichten Waldwiesen in ganz Europa. Das wild wachsende Johanniskraut ist ausdauernd und kann bis zu einem Meter hoch werden. Es gehört zur Familie der Hartheugewächse (Hypericaceae), und blüht von Ende Juni bis September.

Die Blätter wirken wie durchlöchert, perforiert, daher der Name „perforatum". Durch sie kann das Johanniskraut leicht von anderen Johanniskrautarten unterschieden werden. Im Volksmund sagt man auch „Tüpfelkraut". Bei diesen dunklen Punkten handelt es sich um eingeschlossene Ölzellen, die den Hauptwirkstoff Hypericin beinhalten. In den Blüten ist dieser Wirkstoff in noch höherer Konzentration enthalten. Reibt man die Johanniskrautblüten zwischen den Fingern, sondern sie eine violett-rote Farbe ab.

*Inhaltsstoffe:*
- *Hypericin (für die rote Farbe verantwortlich)*
- *ätherische Öle*
- *Flavonoide*
- *Harze*
- *Gerbstoffe*

**Wirkung:**

In der Volksmedizin gehört Johanniskraut zu den beliebtesten und bekanntesten Heilpflanzen. Es hilft der Seele über ein Stimmungstief hinweg und hat eine ausgleichende, beruhigende Wirkung. Johanniskraut wird als pflanzliches Antidepressivum bezeichnet und gilt als milde Alternative bei leichten Depressionen. Es wirkt beruhigend und stimmungsaufhellend. Verschiedene Anwendungsbereiche in der Volksmedizin konnten durch pharmakologische Untersuchungen bestätigt werden, besonders der nervenberuhigende Effekt. Johanniskraut besitzt eine abschirmende Wirkung gegen Reizüberflutung, Stress-Situationen, Angstzustände (z. B. Prüfungsangst). Auch nervöse Unruhe, Schlafstörungen und Wechseljahrsbeschwerden werden damit behandelt. Die innere Anwendung sollte über eine längere Zeit erfolgen, da die Wirkung nicht sofort eintritt.

## Johanniskraut als Hausmittel:

# Johanniskraut-Tee

**Zutaten:**
2 TL getrocknetes
   Johanniskraut
1/4 l Wasser

**Zubereitung:**
① Das Johanniskraut in einen Topf geben und mit dem kalten Wasser übergießen.
② Den Ansatz bis zum Siedepunkt erhitzen und 5 Min. ziehen lassen.
③ Alles durch ein Sieb gießen.

**Anwendung:**
Kurmäßig über 5 bis 6 Wochen zwei- bis dreimal täglich eine Tasse Tee trinken, damit die beruhigende, stressabschirmende Wirkung eintreten kann.
Johanniskraut kann auch mit anderen Kräutern als Teemischung kombiniert werden.

**Tipp:** Eine Teekur sollte konsequent 5 bis 6 Wochen durchgeführt werden. Wer im November ein Stimmungstief erwartet, kann bereits im Oktober mit der Teekur beginnen, denn Johanniskraut-Tee macht gute Laune an trüben Tagen.

# Teemischung
## sanft beruhigend gegen Schlafstörungen

**Zubereitung:**
① 1 TL Teemischung mit einer Tasse kochendem Wasser aufbrühen.
② Den Ansatz 5 bis 10 Min. ziehen lassen.
③ Durch ein Sieb gießen.

**Zutaten:**
10 g getrocknete
 Lavendelblüten
10 g Johanniskrauttee
10 g Hopfenzapfen
10 g Melissenblätter

**Anwendung:**
Eine halbe Stunde vor dem Schlafengehen schluckweise 1 Tasse trinken. Nach Belieben mit Honig süßen. Der Tee fördert die Schlafbereitschaft.

**Tipp:** Alle Zutaten sind auch in der Apotheke erhältlich und werden miteinander gemischt.

**Hinweis auf Nebenwirkungen:**
Wer regelmäßig Johanniskraut innerlich verwendet, sollte sich in dieser Zeit nicht in die pralle Sonne legen und auch nicht unter das Solarium gehen. Johanniskraut photosensibilisiert die Haut, d. h. es sorgt dafür, dass die Haut lichtempfindlich wird, sodass man leichter einen Sonnenbrand

bekommt. Das ist wiederum ein Zeichen dafür, dass die Pflanze Sonnenenergie speichert und an den Körper abgibt. Hierauf führt man u. a. die antidepressive Wirkung zurück.

### Hinweise zum Sammeln

Johanniskraut-Tee gibt es in Apotheken, kann aber im Sommer auch selbst gesammelt werden. Dazu erntet man das obere Drittel des blühenden Krautes und hängt die Büschel an einem luftigen Ort zum Trocknen auf. Anschließend werden Blüten und Blätter abgestreift und in Dosen verschlossen aufbewahrt. Johanniskraut muss bei heißem Wetter und Sonnenschein gesammelt werden. An einem heißen, sonnigen Tag ist die Wirkstoffkonzentration in den Blüten bzw. oberen Pflanzenteilen am höchsten. Man merkt dies an folgendem Test:

Zerreibt man die Blütenknospen an einem sonnigen Tag zwischen den Fingern, werden diese blutrot. Führt man den gleichen Versuch an einem Tag mit bedecktem Himmel und kühlem Wetter durch, verfärben sich die Finger beim Zerdrücken der Blüten kaum. Ähnlich blass ist dann auch der Tee oder das Heilöl.

Bei Hitze und Sonnenschein gesammelte Blüten, die möglichst noch knsprig sein sollten, ergeben dunkelroten Tee und Heilöl mit hoher Wirkstoffkonzentration.

**Tipp:** Wer nicht die Möglichkeit hat, diese Hausmittel selbst herzustellen, kann Johanniskrauttee, Johanniskraut-Blütenöl und diverse Fertigarzneimittel in der Apotheke und in Reformhäusern kaufen. Am besten wird die Anwendungsform mit dem behandelnden Arzt besprochen.

# Johanniskraut-Blütenöl

Eine besondere Kostbarkeit ist das Johanniskraut-Blütenöl. Hierzu verwendet man nur frische Blüten und die oberen Blätter.

**Zutaten:**
2 bis 3 Handvoll frische Johanniskraut-Blütenknospen
1/2 l Olivenöl

**Zubereitung:**
① Die Blütenknospen werden im Mörser leicht zerrieben oder mit dem Löffel zerdrückt.
② Dann die Blütenknospen in eine Weithalsflasche aus weißem Glas füllen.
③ Das Ganze mit Olivenöl bedecken.
④ Die Öffnung der Flasche in den ersten Tagen mit einem Stofftüchlein zubinden, da eine leichte Gärung stattfindet.
⑤ Nach 4 Tagen kann die Flasche zugeschraubt werden.
⑥ Den Ansatz 4 bis 6 Wochen in die Sonne stellen und täglich einmal schütteln.

⑦ Das Öl durchsieben wenn es dunkelrot ist.

⑧ Nun das Heilöl in dunkle Flaschen abfüllen, beschriften und kühl stellen.

### Lagerung:

Bei kühler Lagerung hält sich das Johanniskraut-Blütenöl ca. 1 Jahr.

### Anwendung:

Johanniskraut-Blütenöl kann sowohl innerlich als auch äußerlich angewendet werden. Nach Sebastian Kneipp soll das Heilöl bei nervösen Magen-Darmbeschwerden zweimal täglich 1 TL voll eingenommen werden. Grundsätzlich sollte dies jedoch mit dem Arzt abgesprochen werden.

Für äußere Zwecke ist Johanniskraut-Blütenöl vielfältig einzusetzen, z. B. als Wundheilöl, zum Einreiben bei Muskelschmerzen, Neuralgien, Arthrosen, Ischias und anderen rheumatischen Beschwerden. Das Öl hat eine schmerzstillende, durchblutungsfördernde Wirkung.

**Tipp:** Bei Hexenschuss- oder Ischiasbeschwerden sollte die Anwendung intensiviert werden. Hier empfiehlt sich vor dem Schlafengehen ein Stofftüchlein mit Johanniskraut-Blütenöl zu tränken und auf die schmerzhafte Stelle zu binden. Um Verunreinigungen (färbt ab) zu verhindern wird die Stelle mit einem Handtuch bedeckt.

# Johanniskraut-Tinktur

Johanniskraut-Tinktur, die ausschließlich äußerlich angewendet werden darf, kann wie Johanniskraut-Blütenöl verwendet werden, wenn die kühlende, desinfizierende Wirkung von Alkohol gewünscht wird.

### Zubereitung

① Die frischen Johanniskraut-Blüten werden in eine Weithalsflasche aus hellem Glas gefüllt.

② Den Franzbranntwein dazugießen.

③ Den Ansatz 2 bis 3 Wochen an einen warmen Ort stellen und die Flasche täglich einmal schütteln. Dann färbt sich die Tinktur sehr schnell rot.

④ Dann die Flüssigkeit abgießen und die Blüten auspressen.

⑤ Die Tinktur in kleine Flaschen füllen und beschriften.

### Anwendung:

Diese Tinktur darf nur äußerlich angewendet werden, z. B. als Einreibung bei rheumatischen Beschwerden, wenn die kühlende Wirkung des Alkohols angebracht ist.

**Zutaten:**

2 bis 3 Handvoll frische Johanniskrautblüten

1/2 l Franzbranntwein

## Kurzinfo

| | |
|---|---|
| **Herkunft:** | Mittelmeerraum |
| **Standort:** | sonnig |
| **Familie:** | Lippenblütler |
| **Kultur:** | mehrjähriger Halbstrauch |
| **Blütezeit:** | Juni/Juli |
| **Höhe:** | bis 60 cm |
| **Ernte:** | frische Blätter: Mai/Juni |
| | Blüten zum Trocknen: |
| | Blütezeit |
| **Verwendung:** | W = Würzpflanze |
| | H = Heilpflanze |

*Inhaltsstoffe:*
- ◆ *ätherische Öle*
- ◆ *Gerbstoffe*
- ◆ *Bitterstoffe*
- ◆ *Cumarine*
- ◆ *Harze*

# Lavendel Lavendula angustifolia
## Harmonie für den Körper

### Beschreibung:

Lavendel stammt aus dem Mittelmeerraum. Er bevorzugt einen leicht kalkhaltigen Boden und eine sonnige Lage. Man kann ihn im Frühjahr selbst aussäen, aber einfacher ist es, einige Jungpflanzen beim Gärtner zu kaufen.

Die Pflanze ist mehrjährig, pflegeleicht und man sollte sie im Herbst zurückschneiden und durch Abdecken vor Frost schützen. Kurz vor der Blüte im Juli/August können die halb geöffneten Knospen zum Trocknen geerntet werden, dann nämlich ist die Wirkstoff-Konzentration am höchsten.

### Wirkung:

Lavendel wirkt beruhigend, schlaffördernd, nervenstärkend, krampflösend und verdauungsfördernd.

# Lavendel als Hausmittel:

# Lavendelblütentee

## Zubereitung:
① Lavendelblüten in eine Tasse geben.
② Mit kochendem Wasser übergießen.
③ 5 bis 7 Min. ziehen lassen.
④ Anschließend abseihen.

## Anwendung:
Der Tee beruhigt und hilft wegen des hohen Gerbstoffgehaltes auch bei Durchfall. Es sollten nicht mehr als 2 Tassen am Tag getrunken werden.

**Zutaten:**
1 TL getrocknete
    Lavendelblüten
$1/8$ l kochendes Wasser

**Tipp:** Lavendelblüten können auch mit anderen beruhigenden Kräutern gemischt und als Tee verabreicht werden, z. B. mit Hopfen, Melisse und Johanniskraut.

# Lavendelbad

## Zubereitung:
① Die Lavendelblüten mit kochendem Wasser übergießen.
② Den Ansatz 10 Min. ziehen lassen.
③ Dann abseihen und dem warmen Vollbad zusetzen.

## Anwendung:
Das Bad wirkt ausgleichend, beruhigend und entspannend.

**Zutaten:**
50 g Lavendelblüten
1 l kochendes Wasser

# Lavendel-Einreibung

Die Zubereitung entspricht der von Johanniskraut-Tinktur (s. Seite 155). Anstelle von Johanniskrautblüten werden Lavendelblüten verwendet.

## Anwendung:
Nur für die äußere Anwendung zum Einreiben geeignet, bei Muskelverspannungen und rheumatischen Beschwerden. Es eignet sich nicht bei entzündlichem Rheuma.

**Tipp:** Kalte Kompressen aus einem Lavendelblütenaufguss sind gut gegen Kopfschmerzen.

# Lavendelblüten-Hautöl

**Zutaten:**
2 Handvoll frische
   Lavendelblüten
250 ml Mandelöl oder Jojobaöl

**Zubereitung:**
① Die Lavendelblüten in eine saubere Glasflasche füllen.
② Das Öl über die Blüten gießen bis alle Blüten mit Öl bedeckt sind.
③ Den Ansatz 14 Tage auf die warme Fensterbank stellen.
④ Abseihen und die Blüten gut ausdrücken.
⑤ Das duftende Öl in dunkle Fläschchen füllen.

**Anwendung:**
Lavendelblütenöl eignet sich zum Einreiben und hat eine entspannende Wirkung.

**Tipp:** Wer ein schnelleres Verfahren möchte, kann sich in Drogerien und Reformhäusern das ätherische Lavendelöl besorgen und verwenden. Als Basisöl dient wieder Jojoba- oder Weizenkeimöl. Auf 100 ml gibt man 30 Tropfen ätherisches Lavendelöl, schüttelt die Flasche und kann es sofort als entspannendes Hautpflegemittel verwenden.

**Tipp:** Getrocknete Lavendelblüten-Sträußchen oder Duftsäckchen vertreiben Motten aus dem Kleiderschrank.

# Kräuter-Schlafkissen
## mit Lavendelblüten, Hopfen und Melisse

Kleines Kissen aus dekorativem Stoff nähen
Zu gleichen Teilen mit getrockneten Lavendelblüten, Hopfendolden und Melisseblättern füllen.
Das Kräuterfkissen wird auf das Kopfkissen oder auf den Oberkörper gelegt, es wirkt im Schlaf: Die eingeatmeten Düfte lösen Verspannungen.
Ein solches nett zurechtgemachtes Kissen eignet sich hervorragend als Geschenk.

„Kräuterkissen, welch ein Glück, bringt den ersehnten Schlaf zurück – leg es auf die Brust dir fein, und Du schlummerst selig ein."

# Schlummertrunk und Schlaftee

**Zubereitung:**

①  Die getrockneten Kräuter mit der Zimtstange und dem Rotwein in ein Gefäß geben.

②  Das Gefäß zudecken.

③  Der Ansatz bleibt drei Tage stehen und wird täglich umgerührt.

④  Nach drei Tagen abseihen, in Flaschen füllen und kühl stellen.

**Anwendung:**

Bei Einschlafschwierigkeiten eine halbe Stunde vor dem Schlafengehen 1 Likörgläschen davon trinken. Alkoholgehalt beachten!

**Zutaten:**

10 g Baldrianwurzeln (Apotheke)

10 g getrocknetes Johanniskraut

10 g getrocknete Melissenblätter

10 g getrocknete Lavendelblüten

1 Zimtstange

2 Fl. Rotwein (je 0,7 l)

**Tipp:** Diese Kräutermischung (ohne Zimtstange) kann auch als Schlaftee aufgebrüht werden (1 TL pro Tasse).

## Lavendel als Gewürz:

Zum Würzen nimmt man die Blätter, denn die Blüten duften zu stark. Bei uns spielt Lavendel als Gewürz eine untergeordnete Rolle, während er in der Gewürzmischung „Herbes de Provence" nicht fehlen darf. Er wird kombiniert mit anderen Kräutern, wie z. B. Basilikum, Dost, Bohnenkraut, Thymian und Ysop. Würzen kann man damit Gemüseeintöpfe, gebratenen und gegrillten Fisch, Steaks, Lamm- und Hammelfleisch, Kräutersoßen und Kräuterbutter.

Vom frischen Lavendel werden nur die zarten, jungen Triebspitzen verwendet. Getrocknete Lavendelblätter entfalten erst beim Kochen ihr volles Aroma.

## Kurzinfo

| | |
|---|---|
| **Herkunft:** | Südeuropa |
| **Standort:** | Sonne |
| **Familie:** | Korbblütler |
| **Kultur:** | einjährig |
| | sät sich selbst aus |
| **Blütezeit:** | Juni bis Oktober |
| **Höhe:** | 70 cm |
| **Ernte:** | frische Blüten: |
| | Juni bis September |
| **Verwendung:** | W = Würzpflanze |
| | (beschränkt) |
| | H = Heilpflanze |

**Inhaltsstoffe:**
- ◆ *ätherisches Öl*
- ◆ *Flavonoide*
- ◆ *Saponine*
- ◆ *Bitterstoffe*
- ◆ *Schleime*
- ◆ *Fermente*
- ◆ *Carotinoide (Vorstufen des Vitamin A)*

# Ringelblume (Calendula officinalis)
## Balsam für die Haut

### Beschreibung:

Die Ringelblume ist eine bewährte Heilpflanze. Sie gehört zur Familie der Korbblütler und wird seit vielen Jahrhunderten in den Gärten Mitteleuropas kultiviert. Eigentlich muss sie nur einmal ausgesät werden, denn die einjährige Pflanze vermehrt sich durch Selbstaussaat und verbreitet sich unter günstigen Wachstumsbedingungen mit enormer Vitalität.

Die Ringelblume ist anspruchslos und ihre leuchtenden Blüten in verschiedenen warmen Goldtönen erfreuen uns vom Frühsommer bis Spätherbst.

Ringelblumen haben im Garten einen ökologischen Wert. Die intensiven Wurzelausscheidungen der Pflanze fördern die Bodengesundheit und das Wachstum der Nachbarpflanzen in einer Mischkultur.

**Wirkung:**

Die Ringelblume ist ein beliebtes Hausmittel, besonders in der Volksmedizin wird sie als Heilpflanze hoch geschätzt. Sie hat eine entzündungshemmende Wirkung und steht dem Arnika sehr nahe. Sie hilft bei schlecht heilenden Wunden, Unterschenkelgeschwüren, Verstauchungen, Nagelbett-Entzündungen.

## Ringelblume als Hausmittel:

Die innere Anwendung der Ringelblumen ist rückläufig. Ringelblumenblüten werden bei Teemischungen oft als Schmuckdroge zugesetzt. Ganz ohne Wirkung sind aber die Blüten nicht, man spricht ihnen krampflösende und galletreibende Eigenschaften zu.

# Ringelblumen-Tee

**Zubereitung:**

① Die Ringelblumen-Blütenblätter in eine Tasse geben.
② Das kochende Wasser darüber gießen.
③ 10 Min. ziehen lassen und abseihen.

**Zutaten:**
1 bis 2 TL getrocknete
   Ringelblumen-Blütenblätter
$1/4$ l kochendes Wasser

**Anwendung:**

2 bis 3 Tassen dieses Tees täglich kann bei Gallenbeschwerden helfen. Er ist auch für Umschläge und Kompressen zur äußeren Anwendung geeignet, z. B. bei schlecht heilenden Wunden.

# Ringelblumensalbe

Die Ringelblumen-Salbe ist ein bekanntes Hausmittel und durfte früher in keiner Hausapotheke fehlen. In überlieferten Rezepten dient oft Schweineschmalz als Salbengrundlage. Häufig wird die Empfehlung gegeben, die frischen Ringelblumenblüten in heißem Fett zu „braten". Davon ist dringend abzuraten, denn mit Sicherheit werden hierbei die wichtigsten Wirkstoffe zerstört. Auch ist die Haltbarkeit von Schweineschmalz nur sehr begrenzt. Bei längerem Lagern wird die Salbe ranzig.

Eucerin oder Lanolin aus der Apotheke eignet sich sehr viel besser als Salbengrundlage.

# Ringelblumensalbe
## (Kaltauszugverfahren)

*Dies ist ein bewährtes Kaltauszugsverfahren zur schonenden Salbenherstellung.*

**Zutaten:**

100 g Eucerin oder Lanolin
2 Tassen voll frische
    Ringelblumen-Blütenblätter

**Zubereitung:**

① Die Salbe wird in ein Schraubglas gefüllt.
② Die Salbe im Wasserbad vorsichtig erwärmen bis sie flüssig ist wie Öl. Dabei darf sie keinesfalls erhitzt werden!
③ Die frischen Ringelblumen-Blütenblätter in die flüssige Salbe geben, sodass die Blüten bedeckt sind.
④ Die Salbe aus dem Wasserbad nehmen und abkühlen lassen.
⑤ Das Glas zuschrauben und 2 Wochen in den Kühlschrank stellen.
⑥ Anschließend die Salbe wieder vorsichtig im Wasserbad verflüssigen und die Blüten abseihen.
⑦ Die goldgelbe Heilsalbe in saubere Salbendöschen füllen.
⑧ Evtl. 1 bis 2 Tropfen ätherisches Lavendelöl dazugeben.

**Lagerung:**

Die Salbe dunkel und kühl aufbewahren. Sie hält ca. 1 Jahr.

**Anwendung:**

Äußere Anwendung als Wund- und Heilsalbe und bei schmerzenden Krampfadern.

# Ringelblumen-Blütenöl

**Zutaten:**

1/4 l kalt gepresstes Olivenöl
2 Tassen voll frische
    Ringelblumen-Blütenblätter

**Zubereitung:**

① Die frischen Ringelblumen-Blütenblätter in eine saubere Flasche füllen.
② Das kalt gepresste Olivenöl darüber gießen, sodass alle Blütenblätter mit Öl bedeckt sind.
③ Die Flasche zuschrauben und 4 Wochen auf eine sonnige Fensterbank stellen.
④ Täglich einmal schütteln.
⑤ Nach 4 Wochen das goldgelbe Blütenöl absieben.
⑥ In dunkle Fläschchen füllen und beschriften.

**Lagerung:**

Kühl aufbewahren. Jedoch nicht im Kühlschrank! So hält das Öl mindestens 6 Monate.

**Anwendung:**

Ringelblumenblütenöl besitzt ähnliche Eigenschaften wie die Ringelblumensalbe und wird bei ähnlichen Beschwerden angewendet.

# Ringelrosenbutter

*Ein weiteres altes Hausmittel ist auch die Ringelrosenbutter, sie findet die gleiche Verwendung wie die Ringelblumensalbe.*

**Zubereitung:**

① Die Butter mit den Ringelblumenblüten gut vermengen.
② Die Mischung 1 bis 2 Stunden ruhen lassen.
③ Dann im Topf erwärmen, bis die Butter flüssig ist. Dabei jedoch nicht zu heiß werden lassen!
④ Die flüssige Butter wird abgefiltert.
⑤ Die Salbe in kleine Salbendöschen füllen und mit dem Herstellungsdatum beschriften.

**Zutaten:**
100 g frische Butter
1 Tasse Ringelblumen-
    Blütenblätter

**Lagerung:**

Die Salbe kühl aufbewahren und innerhalb von 1 Monat verbrauchen!

## Ringelblume als Gewürz:

Getrocknete Ringelblumenblüten können als Gewürz oder Tee verwendet werden. Der Calendula-Farbstoff verleiht den Suppen, Fisch- oder Geflügelgerichten einen goldgelben Ton. Die Ringelblumenblüten waren früher ein preiswerter „Safran"-Ersatz.
Verwendet werden die Blüten, die man an einem sonnigen Tag in der Mittagszeit pflückt.

## Trocknen der Ringelblüten

Die Blüten nicht waschen, sondern gut ausschütteln, damit kleine Insekten herausfallen. Anschließend die Zungenblätter der Blüten vorsichtig auszupfen, locker auf einem Tuch ausbreiten und an einem luftigen Ort trocknen lassen. In Gläser oder Dosen füllen und dunkel aufbewahren.

# Erntesegen vom Kräuterbeet

**Geschenke aus der Kräuterküche –
Ernten, konservieren und vermarkten von Kräutern**

Einige grundsätzliche Hinweise zum Umgang mit Kräutern:
◆ Frisches Grün für den täglichen Verbrauch kann man laufend pflücken, sobald die Pflanzen kräftig genug sind.

◆ Für den Wintervorrat erntet man die Kräuter am besten kurz vor der Blüte, dann ist die Wirkstoffkonzentration in der Pflanze am höchsten.

◆ Die beste Tageszeit der Ernte ist der späte Vormittag, wenn die Kräuter abgetrocknet sind.

◆ Selbstverständlich werden nur gesunde, saubere Pflanzen verwendet.

◆ Da bei Küchenkräutern für die Ernte eigentlich nur der Garten in Frage kommt, kann davon ausgegangen werden, dass die Kräuter weder gespritzt noch überdüngt, zumindest wenig schadstoffbelastet sind. Jeder Gartenbesitzer hat die Möglichkeit, diese Faktoren zu beeinflussen und dabei ökologische und gesundheitliche Aspekte zu berücksichtigen.

### Hinweise zum Konservieren von Kräutern
Es gibt verschiedene Möglichkeiten zur Konservierung von Kräutern. Zum Beispiel durch Trocknen, Einfrieren oder Einlegen in Essig, Öl, Honig, Alkohol oder Salz.

## Kräuter trocknen
Die älteste Art der Konservierung ist das Trocknen. Getrocknete Kräuter werden als Tee oder Gewürz verwendet. Beim Trocknen gibt es Folgendes zu berücksichtigen:

◆ Kräuter sollten vor dem Trocknen nicht gewaschen werden, sonst bildet sich Schimmel.

◆ Da Pflanzen bis zu 70 % Wasseranteil haben, beeinflusst der Trocknungsprozess die geschmackliche und optische Qualität der getrockneten Kräuter erheblich.

◆ Es ist wichtig die Kräuter nicht in der prallen Sonne zu trocknen, sondern im Schatten in einem luftigen Raum bei einer Temperatur unter 28 °C.
◆ Die Kräuter kann man in kleinen Büscheln an eine Leine hängen oder auf einem mit Stoff bespannten Holzrahmen ausbreiten.

- Die Blätter werden von den Stängeln gestreift, wenn sie trocken sind und in Gläser oder Dosen gefüllt.

- Jeder mit Kräutern gefüllte Behälter wird mit der Inhaltsangabe und dem Abfülldatum beschriftet.

## Kräuter tiefgefrieren

Das ist eine einfache und schonende Konservierungsart, bei der der Vitaminverlust am geringsten ist. 70 bis 90 % des ursprünglichen Vitamin-C-Gehaltes bleiben erhalten!

Viele Kräuter eignen sich zum Einfrieren. Hierzu gehören:

- Basilikum
- Dill
- Dost
- Majoran
- Minze
- Zitronenmelisse
- Petersilie
- Kerbel
- Liebstöckel
- Bohnenkraut
- Sauerampfer
- Pimpinelle

◆ Zum Einfrieren sollten nur sehr frische und qualitativ hochwertige Kräuter verwenden werden.

◆ Die Kräuter werden gewaschen, geschüttelt oder mit einem sauberen Küchentuch abgetupft, fein geschnitten und in kleine Portionen verpackt.

### Variante: Portionierte Kräutereiswürfel

Eine einfache Methode des Einfrierens ist es, die gehackten Kräuter in einen Eiswürfelbehälter zu füllen, etwas kaltes Wasser dazuzugießen und sofort tiefzugefrieren. Dabei kann man gleich passende Würzmischungen herstellen. Die gefrorenen Würfel kommen in beschrifteten Beuteln ins Tiefkühlgerät. Auf diese Weise hat man die Portionen griffbereit. Die Kräuter immer gefroren verwenden, nie vorher auftauen lassen, sie werden sonst matschig und verlieren ihr Aroma.

## Kräuteröl

Auch Öl eignet sich, um das Aroma und die Wirkstoffe von Kräutern zu konservieren.

Dabei ist wichtig, dass nur getrocknete Kräuter verwendet werden, weil sich sonst im Öl Schimmel bilden kann.

## Kräuteröl-Grundrezept

**Zutaten:**
1/2 l geschmacksneutrales Speiseöl
einige Kräuterzweige
1 Handvoll Kräuterblätter

**Zubereitung:**
① In das geschmacksneutrales Speiseöl die getrockneten Zweige und die Blätter geben. Dabei ist darauf zu achten, dass die Kräuter von Öl umgeben sind.
② Der Flascheninhalt wird täglich einmal geschüttelt.
③ Nach 3 bis 4 Wochen ist das Würzöl gebrauchsfertig.

Zum Ansetzen von Kräuteröl eignen sich besonders aroma-
tische Kräuter, wie z. B.: Basilikum, Bohnenkraut, Beifuß,
Majoran, Minze, Melisse, Thymian, Rosmarin, Knoblauch,
Salbei, Ysop.

Ergänzt werden die Kräuter wahlweise durch Gewürze, wie
z. B.: Pfefferkörner, Senfkörner, Koriander, Lorbeerblatt,
Piment, Wacholderbeeren, getrocknete Chilischoten.

Das häusliche Gewürzregal bietet genug Auswahl und der
eigenen Kreativität sind kaum Grenzen gesetzt.

## Verwendung von Kräuteröl:

Zum Würzen von Salaten, Suppen, Soßen, Marinaden und
zum Einpinseln von Fleisch und Fisch vor dem Grillen.

**Tipp:** Für Gewürzpasten sollten keine bitteren Kräuter wie z. B. Beifuß oder Löwenzahn genommen werden. Übrigens kann auch Schnittlauch bitter werden!

## Kräuter-Würzpaste

Würzpasten eignen sich sehr gut zum Abschmecken von Speisen. Sie können bis zu einem halben Jahr im Kühlschrank aufbewahrt werden und stehen somit ständig zur Verfügung. Mit ihnen lassen sich auf natürliche Weise Fertigbrühen ersetzen.

# Kräuter-Würzpaste, Grundrezept

**Zutaten:**
100 g frische Kräuter
   (einzeln oder gemischt)
100 ml gutes Speiseöl
10 g Salz

**Zubereitung:**
① Die frischen Kräuter gründlich waschen, schütteln und trocken tupfen.
② Dann werden sie mit dem Wiegemesser zerkleinert.
③ Die Kräuter mit Öl und Salz in einen Mixer geben und fein pürieren.
④ Die fertige Paste in saubere Schraubgläser füllen.
⑤ Die Oberfläche mit 1 cm Öl abdecken. Dies ist für die Haltbarkeit sehr wichtig!
⑥ Das Glas verschließen und mit dem Herstellungsdatum und der Mischung beschriften.

**Lagerung:**
Kühl und dunkel lagern, dann hält die Würzpaste mindestens 6 Monate. Nach jeder Entnahme darauf achten, dass die Paste wieder mit Öl bedeckt ist.
Wurde ein Pasten-Glas geöffnet, dann ist es fortan im Kühlschrank aufzuwahren.

**Beilage:**
Die Würzpaste eignet sich für Suppen, Soßen, Salate, Eintopf- und Nudelgerichte.

Geeignete Kräuter für Würzpasten: Bärlauch, Giersch, Brennnessel, Schnittsellerie, Dost, Majoran, Thymian, Petersilie, Maggikraut, Bohnenkraut, Wiesenknöterich

# Kräuteressig

Sehr einfach ist Kräuteressig in verschiedenen Variationen herzustellen.

## Kräuteressig-Grundrezept

**Zubereitung:**

① Die Kräuter werden gewaschen und geschnitten. Lediglich einige Zweige bleiben ganz, das sieht im Glas sehr dekorativ aus.

③ Zerkleinerte und ganze Kräuter in eine Flasche mit Weinessig legen.

④ 3 Wochen auf der Fensterbank ziehen lassen und abseihen. Schon kann der aromatische Essig verwendet werden.

**Zutaten:**

je eine Handvoll frische Kräuter, z. B von:, Basilikum, Petersilie, Estragon, Salbei, Dill, Thymian, Borretschblüten, Melisse, Minze, Süßdoldenblätter und -blüten, Kapuzinerkresseblüten

## Würzessig

mit neunerlei Kräutern

Dieser Kräuteressig ist universell für viele Salate verwendbar. Größere Mengen eignen sich zum Bevorraten und Vermarkten.

**Zubereitung:**

① Die frischen Kräuter abspülen und abtupfen.

② Blätter und Triebspitzen abzupfen.

③ Die Schalotten schälen und schneiden.

④ Alle Kräuter, Schalotten und Gewürze in einen Glasballon füllen oder auf mehrere große Flaschen verteilen.

⑤ Den Essig darüber gießen.

⑥ Den Ansatz 3 Wochen in die Sonne stellen und täglich umrühren.

⑦ Dann absieben, in dekorative Flaschen füllen und mit dem Abfülldatum und dem Inhalt beschriften.

**Lagerung:**

Kühl und dunkel aufbewahrt ist der Essig mindestens 1 Jahr haltbar.

**Zutaten:**

5 l Weißweinessig
1 EL Pfefferkörner
2 Schalotten
je eine Handvoll frische Kräuter: Borretschblätter und -blüten, Basilikum, Estragon, Zitronenmelisse, Zitronenthymian, Dill und Dilldolden, Petersilie, Süßdolde, Minze

**Tipp:** In jede Flasche 1 bis 2 frische Kräuterstängel geben, dadurch wird der Essig optisch aufgewertet und jeder kann die Aromaintensität selbst bestimmen.

# Duftender Blütenessig

**Zutaten:**

1 Fl. Obstessig
3 bis 4 frische Erdbeeren
je eine Handvoll frische Blüten
von: Veilchen, Gänseblümchen,
Löwenzahn, Klee, Weißdorn,
Holunder, Johanniskraut, Ysop,
Salbei, Lavendel, Borretsch,
Thymian, Duftrosen,
Königskerze

**Zubereitung:**

① Der Obstessig wird in ein weithalsiges Glas gegeben.
② Vom Frühjahr bis zum Herbst werden essbare Blüten gesammelt und in das Glas gefüllt – ähnlich wie beim Rumtopf.
③ Der Blütenessig bekommt eine intensive rote Farbe und ein kräftiges Aroma durch die Zugabe frischer Erdbeeren.
④ Im Herbst wird der Essig abgesiebt und in Flaschen gefüllt.

**Anwendung:**

Dieser duftende Blütenessig eignet sich für Salatmarinaden und, verdünnt getrunken, als stoffwechselanregendes und stimmungserhellendes Erfrischungsgetränk. Man trinkt morgens nüchtern ein Glas Mineralwasser mit einem EL voll Blütenessig.

# Holunderblüten-Essig

**Zutaten:**

2 bis 3 frische Holunderblüten-
Dolden
1 Fl. Weißweinessig

**Zubereitung:**

① Die Holunderblüten-Dolden werden mit der Schere von den groben Stielen befreit.
② Die Holunderblüten in eine Flasche geben und mit dem Weinessig übergießen.
③ Den Ansatz 14 Tage zum Ziehen warm stellen.
④ Dann absieben, in Flaschen füllen und dunkel und kühl aufbewahren.

**Beilage:**

Eignet sich für Salate und Fischgerichte.

**Variante:**

In den Essigansatz kann noch eine Handvoll duftender Wildrosen (rosa rugosa) gegeben werden, das macht den Essig besonders aromatisch!

## Frisch aus dem Ofen

# Heißes Baguette mit Kräuterbutter

**Zubereitung:**

① Die Kräuter waschen und fein hacken.

② Die Knoblauchzehe schälen und zerdrücken.

③ Die Butter weich rühren und mit allen Zutaten mischen.

④ Mit Salz und Curry abschmecken.

⑤ Das Stangenbrot in 2 cm dicke Scheiben schneiden. Die Scheiben einseitig mit Kräuterbutter bestreichen und das Stangenbrot wieder zusammensetzen.

⑥ In Alufolie wickeln und in den Kühlschrank legen. Kurz vor dem Servieren in den vorgeheizten Backofen geben, bei 180 °C ca. 15 Min. backen. Die Kräuterbutter schmilzt in das Brot und macht das Baguette schön saftig.

**Beilage:**

Heißes Baguette mit Kräuterbutter passt als typischer Partysnack gut zu Wein und Bier.

**Zutaten:**

1 Stangenbrot

125 g Butter

5 EL frische Kräuter gemischt, z. B.: Petersilie, Zitronenmelisse, Estragon, Thymian

1 Knoblauchzehe

1 Msp. Salz

1 Msp. Curry

# Koriander-Fladenbrot

**Zubereitung:**

① Aus den Zutaten den Hefeteig nach Vorschrift zubereiten.

② Den Hefeteig 20 Min. zugedeckt an einem warmen Platz gehen lassen.

③ Dann den Teig in 6 Portionen teilen.

④ Jedes Teil auf einem bemehlten Brett in etwa 1 cm dicke Fladen ausrollen.

⑤ Die Fladen auf ein gefettetes Backblech legen und zugedeckt 15 Min. gehen lassen.

**Zutaten:**

400 g Weizenvollkornmehl

200 g Roggenmehl

1 P. Hefe

1 TL Zucker

$1/4$ l lauwarme Milch

1 frisches Ei

*weitere Zutaten*
*siehe nächste Seite*

**weitere Zutaten:**

1 EL Leinsamen

je 1 TL gemahlenen Koriander
   und Anis

1 Pr. Salz

etwas Milch

etwas gestoßenen Koriander

⑥ Mit Milch bestreichen und mit Koriander bestreuen.

⑦ Vor dem Backen den Teig mit einer Gabel einstechen, sonst gibt es Luftblasen.

⑧ Die Fladen im vorgeheizten Ofen bei 220 °C ca. 15 Min. backen.

## Beilagen:

Mit Butter frisch bestrichen schmecken die Fladen am besten. Auch ein knackiger Salat oder ein Kräuter-Dip passen gut dazu.

**Zutaten:**

250 g Weizenvollkornmehl

3 gestrichene TL Backpulver

1 TL Salz

2 EL frische, fein gehackte
   Kräuter, z.B.: Schnittlauch,
   Estragon, Majoran, Thymian
   u.a.

60 g Butter oder Margarine

60 g geriebenen Käse

150 ml Buttermilch

# Käse-Kräuter-Medaillons

## Zubereitung:

① Mehl und Backpulver in eine Schüssel sieben.

② Die Butter klein schneiden und dazu geben.

③ Das Salz, den geriebenen Käse und die gehackten Kräuter darüber streuen.

④ Aus den angegebenen Zutaten einen Knetteig herstellen. Dabei ist darauf zu achten, dass die Buttermilch langsam in die Schüssel gegeben wird. Zur Herstellung des Teiges werden Knethaken verwendet.

⑤ Den Teig im Kühlschrank eine halbe Stunde ruhen lassen.

⑥ Dann den Teig auf einer gemehlten Unterlage etwa 1 cm dick ausrollen und runde Formen ausstechen. Dieses gelingt z. B. mit einem umgestülpten Trinkglas.

⑦ Die Medaillons auf ein gefettetes Blech legen und mit (Butter-)Milch bepinseln.

⑧ Nach Belieben wahlweise mit Paprikapulver, Kümmel oder gestoßenem Koriander bestreuen.

⑨ Im vorgeheizten Backofen auf mittlerer Schiene bei ca. 200 °C 10 bis 12 Minuten backen.

## Servieren:

Heiß oder kalt serviert, schmecken die Käse-Kräuter-Medaillons gut zu Salat, Bier oder Wein.

# Gekräutert – mariniert – eingelegt

## Würzeier
### pikant eingelegt

**Zubereitung:**
① Die Eier 10 Min. kochen und dann schälen.
② Wasser und Essig mit Zucker und Salz in einem Topf aufkochen.
③ Die Kräuter waschen und nicht hacken.
④ Die Zwiebel in Scheiben schneiden.
⑤ Eier mit den Kräutern, Zwiebelscheiben und Gewürzen in ein großes Glas schichten.
⑥ Den Sud kochend heiß darüber geben.
⑦ Die Würzeier im Kühlschrank 1 bis 2 Tage durchziehen lassen.

**Beilage:**
Würzeier sind eine willkommene Abwechslung als Beilage zu belegten Broten, Kräuterhäppchen oder kalten Platten.

**Zutaten:**
8 bis 10 Eier
$1/2$ l Wasser
$1/4$ l Weinessig
1 Lorbeerblatt
3 Pimentkörner
$1/2$ TL Senfkörner
1 Sträußchen Dill
1 Sträußchen Estragon
1 Sträußchen Zitronenmelisse
1 Zwiebel
2 EL Zucker
1 TL Salz

## Gebackene Safran-Eier

**Zubereitung:**
① Die gekochten Eier schälen, mit der Gabel vorsichtig rundherum einstechen.
② Kurkuma, Paprikapulver und Salz in einem Teller mischen.
③ Die Eier in dieser Gewürzmischung wälzen.
④ Olivenöl in einer Pfanne erhitzen, jedoch nicht zu heiß werden lassen!
⑤ Die Eier im Öl goldgelb von allen Seiten backen.

**Beilage:**
Dazu passt frischer Salat.

**Zutaten:**
4 hart gekochte Eier
1 EL Kurkuma-Gelbwürzpulver (indischer Safran)
1 TL Paprikapulver
1 TL Salz
Olivenöl

**173**

# Harzer Käse
in Kräuteröl

**Zutaten:**
- 6 Harzer Käse (je 100 g)
- 2 Zwiebeln
- 2 Knoblauchzehen
- 2 TL getrocknete Kräutermischung aus: gerebeltem Majoran, Thymian, Beifuß, Basilikum, evtl. Rosmarin
- 2 TL schwarze Pfefferkörner
- 2 getrocknete Peperoni
- 2 Lorbeerblätter
- $1/2$ l gutes Speiseöl

**Zubereitung:**
1. Harzer Käserollen zerteilen.
2. Zwiebeln und Knoblauchzehen schälen und vierteln.
3. Alles zusammen mit den Gewürzen in ein Glas schichten.
4. Mit Öl übergießen, sodass der Käse bedeckt ist!
5. Zugedeckt im Kühlschrank 1 bis 2 Tage durchziehen lassen.

**Lagerung:**
Der eingelegte Käse ist im Kühlschrank mindestens 1 bis 2 Wochen haltbar.

**Beilage:**
Dieser Käse schmeckt sehr herzhaft. Zu ihm passt rustikales Bauernbrot, garniert mit frischen Kräutern und Radieschen.

# Harzer Käse mit Kräutermarinade

**Zutaten:**
- 250 g Harzer Käse
- 1 EL Kümmel
- 4 EL Weinessig
- 2 EL Öl
- etwas Salz
- etwas Pfeffer
- 3 Zwiebeln
- 1 Bund Schnittlauch

**Zubereitung:**
1. Harzer Käse in Scheiben schneiden und mit Kümmel bestreuen.
2. Die Zwiebeln schneiden und auf dem Käse verteilen.
3. Essig, Öl und Gewürze zu einer Marinade verrühren.
4. Die Marinade über den Käse gießen.
5. Den Schnittlauch waschen und schneiden und damit den Käse garnieren.

**Tipp:** Dieser pikant eingelegte Harzer Käse passt auch gut auf ein kaltes Buffet.

# Dill-Zucchini
süß-sauer eingelegt

## Zubereitung:

① Zucchini waschen, der Länge nach vierteln und in fingerdicke Stücke schneiden.

② Zucchini mit Salz, Zucker und Essig in einer großen Schüssel gut mischen und zugedeckt über Nacht stehen lassen.

③ Am nächsten Tag die Zucchini in einen Durchschlag schütten und die Flüssigkeit in einem Topf auffangen.

④ Ingwer, Meerrettich und Zwiebeln schälen und in Scheiben schneiden, dann mit den übrigen Gewürzen in die Flüssigkeit geben und alles aufkochen.

⑤ Die Zucchini in den Sud geben und 5 bis 7 Min. mitkochen. Allerdings nicht zu weich kochen!

⑥ Zucchini heiß in sterile Gläser füllen, mit dem heißen Sud übergießen und sofort verschließen.

## Beilage:
Als Beilage für rustikales Abendbrot sehr lecker.

### Zutaten:
3 kg Zucchini
50 g Salz
400 bis 500 g Zucker
1 l Weißweinessig
50 g frischer Ingwer
100 g frischer Meerrettich
2 Bund Dill oder mehrere Dillblüten
2 Zwiebeln
2 EL Senfkörner
1 EL schwarzer Pfeffer
5 Lorbeerblätter
4 kleine getrocknete Chilischoten
2 bis 3 EL Wacholderbeeren

# Schafskäse in Olivenöl
## mit Kräutern

**Zutaten:**

300 g Schafskäse
2 Knoblauchzehen
1 kleines Sträußchen Thymian
1 kleines Sträußchen Basilikum
5 Pfefferkörner
1 kleine Chilischote
$^3/_8$ l Olivenöl

**Tipp:** Ziegenkäse und Mozzarella können auch so eingelegt werden.

**Zubereitung:**

① Käse in kleine Würfel schneiden.
② Den Knoblauch schälen und halbieren.
③ Die Basilikumblätter abzupfen. Die Thymianstängel werden nicht abgezupft, weil sie im Glas sehr dekorativ aussehen!
④ Nun den Käse mit Knoblauch und allen Gewürzen ins Glas schichten und mit Olivenöl übergießen. Alles muss mit Öl bedeckt sein.
⑤ Das Glas verschließen und dunkel und kühl stellen.

**Lagerung:**
Der so eingelegte Schafskäse hält sich mehrere Tage.

**Beilage:**
Als Beilage passen verschiedene Blattsalate, Oliven und Fladenbrot oder Kräuterbaguette.

# Champignons
## mit Estragon-Marinade

**Zubereitung:**

① Champignons mit einem trockenen Tuch abreiben und nur die Stielenden abschneiden.

② Knoblauch schälen und in Scheiben schneiden.

③ Estragon abspülen und die Blätter abzupfen.

④ Einen Sud herstellen aus Weinessig, Wasser, Salz, Zucker, Lorbeerblatt und Pfefferkörnern.

⑤ Pilze, Knoblauch und Estragonblätter dazugeben, 5 bis 8 Min. kochen und währenddessen mehrfach umrühren.

⑥ Den Topf vom Herd nehmen und Champignons und Sud abkühlen lassen.

⑦ Alles in saubere Gläser füllen.

⑧ Die Oberfläche mit 1 bis 2 cm Olivenöl bedecken, damit die Champignons nicht so schnell verderben.

⑨ Die Gläser gut verschließen und kühl stellen.

**Lagerung:**

Die so zubereiteten Champignons mit Estragon-Marinade halten sich 2 bis 3 Wochen.

**Variante:**

Anstelle von Estragon kann auch frischer Rosmarin verwendet werden.

**Zutaten:**

400 g kleine weiße Champignons
3 bis 4 Zweige Estragon
1 Knoblauchzehe
$1/4$ l Weißweinessig
$1/8$ l Wasser
1 EL Salz
2 EL Zucker
1 Lorbeerblatt
5 bis 6 Pfefferkörner
Olivenöl

**Tipp:** Pilze nicht im Plastikbeutel aufbewahren. Frische Champignons nicht schälen, möglichst nur trocken abreiben oder kurz unter fließendem Wasser abspülen. Nicht im Wasser liegen lassen, sie saugen sich voll!

**Tipp:** Will man die Haltbarkeit verlängern, dann Champignons mit heißem Sud sofort in saubere Twist-Off-Gläser füllen und verschließen. In diesem Fall ist kein »Ölspiegel« erforderlich. Das Glas sollte jedoch vorher mit Alkohol ausgespült werden.

## Brennnesselsamen-Likör

**Zutaten:**

30 g Brennnesselsamen
  (aus der Apotheke)
1  Fl. Korn 38 % (0,7 l)
100 bis 150 g braunen Kandis

**Zubereitung:**

① Den Brennnesselsamen im Mörser zerreiben.
② In 2 große weithalsige Flaschen füllen.
③ Kandis und Korn dazugeben.
④ Die Flaschen verschließen, für 3 Wochen auf die warme Fensterbank stellen und täglich einmal schütteln.
⑤ Danach filtern und in saubere Flaschen abfüllen, beschriften, kühl stellen.

**Anwendung:**

Dieser Likör ist stoffwechselanregend und weckt müde „Lebensgeister". Der Alkohol- und Zuckergehalt sind zu beachten!

## Holunderblüten-Likör

**Zutaten:**

15 Holunderblütendolden
1 l Mineralwasser
35 g Ascorbinsäure
  (aus der Apotheke)
ca. 500 bis 600 g Zucker
2 Fl. Korn 38 % (je 0,7 l)

**Zubereitung:**

① Das Mineralwasser mit der Ascorbinsäure in einen Topf geben.
② 15 frische Holunderblütendolden hineinlegen.
③ Den Ansatz 12 bis 15 Stunden ziehen lassen, währenddessen gelegentlich umrühren.
④ Dann in einen Topf sieben.
⑤ In die Flüssigkeit den Zucker rühren bis er sich aufgelöst hat. Evtl. muss die Flüssigkeit dazu leicht erwärmt werden.
⑥ Die Menge genau abmessen und zu gleichen Teilen mit 38%igem Korn auffüllen.
⑦ Alles gut umrühren und in Flaschen füllen.
⑧ Noch 4 bis 6 Wochen im Keller ruhen lassen. Der Likör wird dann allmählich goldgelb und sehr aromatisch.

# Johanniskrautblüten-Likör

## Zubereitung:

① Alle Zutaten in eine große Flasche füllen.

② 3 Wochen in die Sonne stellen, ab und zu schütteln, sodass der Likör dunkelrot wird.

③ Dann absieben und in Flaschen füllen.

## Anwendung:

Wirkt beruhigend und entspannend. Wegen des Alkoholgehaltes nicht für den Dauergebrauch geeignet!

## Zutaten:

2 Tassen voll Johanniskrautblüten und -knospen (bei Sonnenschein pflücken)

1 Fl. Korn 38 % (0,7)

100 g weißer Kandis

1 Zimtstange

4 bis 5 Nelken

# Klosterlikör mit Engelwurz

Engelwurz, auch Angelika genannt, ist eine alte Klostergartenpflanze. Sie ist sehr magenfreundlich und verdauungsfördernd und häufig Bestandteil von Klosterlikören, die nach überlieferten Rezepten hergestellt werden.

**Zutaten:**

15 g Angelikasamen
(aus der Apotheke)
25 g getrocknete
Angelikawurzel
(aus der Apotheke)
1 Zimtstange
6 Nelken
5 g Kardamom
1 unbehandelte Zitrone
1 Flasche Korn 38 % (0,7 l)
150 g braunen Kandis

**Zubereitung:**

① Alle Gewürze und Kandis in eine Flasche geben.
② Die Zitrone heiß waschen und schälen.
③ Die Schale ebenfalls in die Flasche geben und mit dem Korn begießen, sodass alles bedeckt ist.
④ Den Ansatz 3 bis 4 Wochen auf der warmen Fensterbank ziehen lassen, dann abfiltern.
⑤ Den Likör in saubere Flaschen füllen, verschließen und dunkel und kühl lagern.
⑥ Der Likör muss vor seinem Gebrauch 2 Monate nachreifen.

**Anwendung:**

Der Likör ist würzig und aromatisch, ein Gläschen davon ist gut für die Verdauung.

# Kräuterlikör mit Johannisbeeren
gut für den Magen

**Zutaten:**

300 g schwarze
Johannisbeeren
5 g Fenchelsamen
5 g Anissamen
5 g Kümmelsamen
2 Stängel frische Pfefferminze
100 bis 150 g weißen Kandis
1 Fl. Korn 38 % (0,7 l)

**Zubereitung:**

① Die Johannisbeeren waschen, verlesen, abtropfen lassen und mit einer Gabel zerdrücken.
② Mit dem Korn und allen übrigen Zutaten in eine große Flasche füllen und verschließen.
③ Den Ansatz 2 bis 3 Wochen auf der Fensterbank stehen lassen, dann abseihen und in saubere Flaschen füllen.

# Koriander-Likör

**Zubereitung:**

① Den Koriandersamen im Mörser zerstoßen.

**Tipp:** Falls kein Mörser vorhanden ist, können die Körner in ein sauberes Geschirrtuch eingeschlagen und mit der Küchenrolle zerdrückt werden.

② Den gestoßenen Koriander mit dem Kandis in den Korn geben.

③ Die Flasche an einen warmen Ort stellen und ab und zu schütteln.

④ Nach ca. 3 Wochen alles durch einen Kaffeefilter gießen und den fertigen Korianderlikör kühl stellen.

**Anwendung:**

Koriander ist gut für den Magen und fördert die Verdauung.

**Zutaten:**

1 Fl. Korn 38 % (0,7 l)

ca. 100 g weißen Kandis

30 g Koriandersamen
(aus der Apotheke oder dem Reformhaus)

# Kümmel-Likör

**Zubereitung:**

① Den Kümmel im Mörser zerstoßen.

② Alle Zutaten in eine Flasche füllen, verschließen und gut schütteln.

③ 10 Tage ziehen lassen. Dann absieben und kühl stellen.

**Anwendung:**

1 Gläschen davon hilft bei Blähungen und Völlegefühl. Wegen des Alkoholgehalts nicht für Dauergebrauch geeignet!

**Zutaten:**

40 g Kümmelsamen

100 g Zucker

1 Fl. Korn 38 % (0,7 l)

# Löwenzahnblüten-Likör

**Zutaten:**

200 bis 250 g
   Löwenzahnblüten-Sirup
   (Seite 33)
1 Fl. Wodka 37,5 %  (0,7 l)
1 TL gemahlenen Ingwer
   (aus dem Reformhaus)
100 ml heißes Wasser

**Zubereitung:**

① Den Löwenzahnblüten-Sirup mit heißem Wasser verflüssigen.
② Wodka dazugießen und Ingwerpulver hineinrühren.
③ In Flaschen füllen, schütteln und den Likör 3 Wochen ruhen lassen.
④ Danach durch einen Kaffeefilter gießen.

**Anwendung:**

Löwenzahnblüten-Likör fördert die Verdauung.

# Löwenzahnblüten-Schnaps

**Zutaten:**

40 frische Löwenzahnblüten
1 Fl. Doppelkorn 38 % (0,7 l)

**Zubereitung:**

① Nur die zarten gelben Blütenblätter abzupfen (die grünen Blätter sind zu bitter!) und in eine weithalsige Flasche füllen.
② Den Doppelkorn darüber gießen und verschließen.
③ 3 Wochen auf eine Fensterbank stellen, währenddessen täglich einmal schütteln.
④ Den Schnaps durch einen normalen Kaffeefilter filtern und gut verschlossen aufheben.

**Anwendung:**

Bei Bedarf nur ein kleines Gläschen trinken! Die Bitterstoffe regen die Verdauung an.

# Minze-Melisse-Likör

**Zutaten:**

1 Handvoll frische
   Melissenblätter
3 Stängel Pfefferminze
1 Fl. Korn 38 % (0,7 l)
150 g braunen Kandis

**Zubereitung:**

① Alle Zutaten in eine weithalsige Flasche geben.
② Die Flasche verschließen, auf die warme Fensterbank stellen und täglich schütteln.
③ Nach 3 Wochen absieben.
④ Den Likör in saubere Flaschen füllen und 4 Monate im Keller ruhen lassen.

**Servieren:**
Der Minze-Melissen-Likör wird stets kalt serviert.

**Anwendung:**
Der Melissen-Minze-Likör ist magenfreundlich.

# Minze-Melisse-Aperitif

magenfreundlich und alkoholfrei

**Zubereitung:**
① Alle Zutaten in einen Topf geben und mit 2 l Wasser 10 Min. kochen.
② Absieben und gut gekühlt servieren.
③ Evtl. mit frischer Minze garnieren.

**Zutaten:**
- 1 Sträußchen frische Minze
- 1 Sträußchen Melisse
- 7 g getrockneten Hopfen (aus der Apotheke)
- 1 ungespritzte und in Scheiben geschnittene Zitrone
- 1 TL geriebenen Ingwer
- 100 g braunen Zucker oder Kandis

# Duftsäckchen und Kräuterkissen

## Selbst gemachte Kreationen

Duftsäckchen und Kräuterkissen eignen sich hervorragend als Mitbringsel und Geschenk. Auf Basaren, Märkten, Kräuterausstellungen und sonstigen Ständen sind sie optische Attraktionen.

Seit Großmutters Zeiten ist bekannt, dass man mit dem klassischen Lavendelduft die Motten aus dem Wäscheschrank vertreiben kann. Aber es muss nicht immer Lavendel sein. Duftmischungen kann man individuell aus verschiedenen getrockneten Blüten, Blättern und Gewürzen komponieren. Die Phantasie hat dabei freien Lauf. Es lassen sich so vielzählige Wohlgerüche für den Hausgebrauch zaubern.

Die für die Duftkissen und -säckchen notwendigen Kräuter und Blüten werden im Laufe des Sommers gesammelt, behutsam getrocknet und in Dosen aufbewahrt.

## Zum Füllen von Duftsäckchen und Kräuterkissen eignen sich z. B.:

| | | |
|---|---|---|
| ◆ Lavendel | ◆ Kamille | ◆ Rosmarin |
| ◆ Holunderblüten | ◆ Melisse | ◆ Hopfenzapfen |
| ◆ Salbeiarten | ◆ Minze | ◆ Duftrosen |
| ◆ Eberraute | ◆ Kampferkraut | ◆ Nelke |
| | (Balsamita vulgaris) | |
| ◆ Nelken | ◆ Zimt | ◆ Veilchenwurzelpulver |

◆ Zusätzlich auch getrocknete Schalen von Zitrusfrüchten.

Die Kräuterkissen und -säckchen verströmen nicht nur einen angenehmen Duft, je nach Füllung haben sie auch eine gesundheitsfördernde Wirkung, denn das Einatmen aromatischer Kräuter und Blütendüfte hebt Stimmung und Wohlbefinden.

## Kräuter, die beruhigend auf Herz und Kreislauf wirken:

| | | |
|---|---|---|
| ◆ Baldrian | ◆ Hopfen | ◆ Lavendel |
| ◆ Melisse | ◆ Waldmeister | ◆ Holunderblüten |

## Kräuter, die wohltuend für die Atemwege sind:

| | | |
|---|---|---|
| ◆ Dost | ◆ Salbei | ◆ Thymian |

## Kräuter, die erfrischend und anregend sind:

◆ Apfelminze          ◆ Zitronenmelisse

◆ Zitronenthymian     ◆ Rosmarin


## Kräuter, die stimmungsaufhellend und absolute „Highlights" unter den Duftkräutern sind:

◆ Duftrosen           ◆ Römische Kamille

◆ Zitronenverbene     ◆ Fruchtsalbei

◆ Honigmelonen-Salbei ◆ Muskatellersalbei

# Arbeitsanleitung zur Herstellung von Kräutersäckchen und Kräuterkissen:

### Material:
◆ Schöne klein bedruckte oder unifarbene Stoffreste, auch „ausgemusterte" Blusen, Hemden, Röcke oder Bettwäsche können verwendet werden. Es muss jedoch eine Naturfaser sein, z. B. Baumwolle, Leinen oder Seide.
◆ Passende dekorative Stoffbänder aus dem Bastelgeschäft besorgen.
◆ Zackenschere
◆ Wattevlies als Füllstoff im Bastelgeschäft oder aus der Drogerie besorgen.
◆ Verschiedene getrocknete Kräuter und Gewürze (welche sich wozu eignen s. Seite 184).

### Herstellung:
① Aus dem Stoff kleine rechteckige Beutel, z. B. mit den Maßen 10 x 15 cm nähen. Oder aber quadratische Kissen herstellen.
② Den Füllstoff Wattevlies passend zuschneiden, evtl. mit einigen Tropfen ätherischem Öl beträufeln und in den Beutel legen.
③ Die Kräutermischung mit einem Löffel einfüllen.
④ Das Säckchen mit einem hübschen Bändchen zubinden.

**Tipp:** Im Papierhandel (Großhandel) gibt es verschiedene Plastikbeutelgrößen (z.B. 12 X 18 cm) mit Selbstverschluss. Sie eignen sich gut zum Verpacken und Aufbewahren von Duftsäckchen und Kräuterkissen, da sie einen guten Aromaschutz bieten.

**Tipp:** Wenn die Kräutersäckchen auch als Schlummerkissen benutzt werden sollen, sollten nach dem Füllen alle vier Seiten zugenäht werden.

# Stichwortverzeichnis

**Kräuterschätze zum
Kochen und Genießen
Ernährung**

Apfel-Holunderblütengelee . . . . . . . . . . 148
Apfel-Meerettich auf bayerische Art . . . . . 99
Apfelsalat mit Süßdolde . . . . . . . . . . . . 132
Apfel-Salbei-Ringe . . . . . . . . . . . . . . . . 126
Apfel-Schinken-Brotaufstrich
mit Beifuß . . . . . . . . . . . . . . . . . . . . . 55
Ausgebackene Minzesprossen . . . . . . . . . 111

Bärlauch-Baguette . . . . . . . . . . . . . . . . 10
Bärlauch-Quarkaufstrich . . . . . . . . . . . . 13
Bärlauchsuppe mit Schmand . . . . . . . . . 10
Bärlauch-Würzpaste . . . . . . . . . . . . . . . 13
Basilikum-Nudeln . . . . . . . . . . . . . . . . . 50
Basilikum-Pesto . . . . . . . . . . . . . . . . . . 51
Blattsalat mit Kräuter-Dill-Marinade . . . . . 64
Bohnenkraut-Würzöl . . . . . . . . . . . . . . . 57
Borretsch-Blütenessig . . . . . . . . . . . . . . 60
Borretsch-Dip . . . . . . . . . . . . . . . . . . . 60
Bouquet garni . . . . . . . . . . . . . . . . . . 106
Brennnessel-Giersch-Maultaschen –
Suppeneinlage . . . . . . . . . . . . . . . . . . 18
Brennnessel-Giersch-Suppe . . . . . . . . . . 17
Brennnessel-Kartoffel-Suppe . . . . . . . . . 17
Brennnesselsamen-Likör . . . . . . . . . . . 178
Bunter Salat mit Pimpinelle . . . . . . . . . 115

Camembert-Kräuter-Brotaufstrich . . . . . . 115
Champignons mit Estragon-Marinade . . . . 177

Delikate Kressebutter . . . . . . . . . . . . . . 83
Dill-Essig . . . . . . . . . . . . . . . . . . . . . . 65
Dill-Gurken-Kaltschale . . . . . . . . . . . . . 65
Dill-Zucchini süß-sauer eingelegt . . . . . . 175
Duftender Blütenessig . . . . . . . . . . . . . 170

Eier in Kerbelsoße . . . . . . . . . . . . . . . . 73
Estragon-Essig . . . . . . . . . . . . . . . . . . 68
Estragon-Nudeln mit
gebratenen Champignons . . . . . . . . . . . 67
Estragon-Rührei . . . . . . . . . . . . . . . . . 68

Feine Kresse-Suppe . . . . . . . . . . . . . . . 84
Feine Süßdolde-Suppe . . . . . . . . . . . . . 132
Frankfurter grüne Soße . . . . . . . . . . . . . 64
Frühlings-Dip mit jungen Zwiebeln . . . . . 142
Frühlingskräuter-Dip . . . . . . . . . . . . . . . 40
Frühlingssalat mit Wildkräutern . . . . . . . 42

Gänseblümchen-„Kapern" . . . . . . . . . . . 22
Gänseblümchen-Löwenzahn-Salat . . . . . . 23
Gebackene Bananen
mit Löwenzahnsirup . . . . . . . . . . . . . . . 33
Gebackene Safran-Eier . . . . . . . . . . . . . 173
Gekochte Meerrettich-Soße . . . . . . . . . . 98
Giersch-Brennnessel-Suppe . . . . . . . . . . 25
Giersch-Flädle-Suppe . . . . . . . . . . . . . . 26
Giersch-Tomaten . . . . . . . . . . . . . . . . . 26
Giersch-Würzpaste für
Suppen und Eintöpfe . . . . . . . . . . . . . . 27
Grünkern-Kräuter-Bratlinge . . . . . . . . . . 94
Grünkern-Kräuter-Brotaufstrich . . . . . . . 94

Harzer Käse in Kräuteröl . . . . . . . . . . . 174
Harzer Käse mit Kräutermarinade . . . . . . 174
Harzer Käse-Tatar mit Kümmel . . . . . . . . 77
Heißes Baguette mit Kräuterbutter . . . . . 171
Herzhafter Tomaten-Speckkuchen
mit Thymian . . . . . . . . . . . . . . . . . . . 137
Holunderbeerensuppe /
Holunderbeerenkaltschale . . . . . . . . . . 150
Holunderblüten-Dolden in Backteig . . . . 147
Holunderblüten-Essig . . . . . . . . . . . . . 170
Holunderblüten-Likör . . . . . . . . . . . . . 178
Holunderblüten-„Sekt" . . . . . . . . . . . . . 148
Holunderpunsch ohne Alkohol . . . . . . . . 149
Holunder-Sirup . . . . . . . . . . . . . . . . . 150
Holzfäller-Suppe . . . . . . . . . . . . . . . . . 12
Hüttenkäse pikant gewürzt . . . . . . . . . . 65

Johanniskrautblüten-Likör . . . . . . . . . . 179

Kartoffelsuppe mit Liebstöckel . . . . . . . . .88
Käse mit Rosmarin und
Oliven eingelegt . . . . . . . . . . . . . . . . .120
Käse-Kräuter-Medaillons . . . . . . . . . . . .172
Käse-Rührei mit Kümmel . . . . . . . . . . . .77
Kerbelbutter . . . . . . . . . . . . . . . . . . . .73
Kerbel-Kresse-Quark . . . . . . . . . . . . . . .72
Kerbelsuppe . . . . . . . . . . . . . . . . . . . .72
Klosterlikör mit Engelwurz . . . . . . . . . . .180
Knoblauch pikant eingelegt . . . . . . . . . .81
Knoblauchbutter mit Petersilie . . . . . . . .80
Knoblauchöl zum Würzen . . . . . . . . . . .81
Koriander-Fladenbrot . . . . . . . . . . . . . .171
Koriander-Likör . . . . . . . . . . . . . . . . . .181
Kräuteressig mit Gänseblümchen . . . . . . .23

Kräuter-Käse-Suppe vitaminreich . . . . . . .107
Kräuterlikör mit Johannisbeeren –
gut für den Magen . . . . . . . . . . . . . . . . . 180
Kräuternockerl-Suppe mit Petersilie . . . . . 106
Kräuter-Schinkenknödel
als Suppeneinlage . . . . . . . . . . . . . . . . . . 42
Kräuterbutter mit Melisse . . . . . . . . . . . . 103
Kräuteröl – Grundrezept . . . . . . . . . . . . . 166
Kräuter-Würzpaste – Grundrezept . . . . . . . 168
Kräuteressig – Grundrezept . . . . . . . . . . . 169
Kresse-Avocado-Brotaufstrich . . . . . . . . . 83
Kresse-Champignon-Salat . . . . . . . . . . . . 85
Kresse-Spargel-Salat . . . . . . . . . . . . . . . . 84
Kümmel-Likör . . . . . . . . . . . . . . . . . . . . 181

Leberknödel-Suppe mit Majoran . . . . . . . . 92
Liptauer Käse mit Kräutern . . . . . . . . . . . 114
Löwenzahnblüten-Likör . . . . . . . . . . . . . 182
Löwenzahnblüten-Schnaps . . . . . . . . . . . 182
Löwenzahnhonig . . . . . . . . . . . . . . . . . . 32
Löwenzahnsalat mit Mais . . . . . . . . . . . . 31
Löwenzahn-Sirup . . . . . . . . . . . . . . . . . . 33
Löwenzahn-Tomatensalat
mit geröstetem Sesam . . . . . . . . . . . . . . . 31

Majoran-Kartoffeln . . . . . . . . . . . . . . . . . 93
Meerrettich-Butter . . . . . . . . . . . . . . . . . 99
Minze-Apfelchutney . . . . . . . . . . . . . . . . 111
Minze-Kiwi-Dessert mit
Sahnehäubchen . . . . . . . . . . . . . . . . . . . 110
Minze-Melisse-Aperitif –
magenfreundlich und alkoholfrei . . . . . . . 183
Minze-Melisse-Likör . . . . . . . . . . . . . . . . 182
Minze-Quark-Creme . . . . . . . . . . . . . . . . 110
Mozzarella mit Basilikum . . . . . . . . . . . . 52

Ofenkartoffeln mit Kümmel
und Majoran . . . . . . . . . . . . . . . . . . . . . 76

Petersiliensuppe . . . . . . . . . . . . . . . . . . 107
Pikante Zwiebelsuppe . . . . . . . . . . . . . . 141
Pimpinelle-Quark . . . . . . . . . . . . . . . . . . 114

Quendelsuppe . . . . . . . . . . . . . . . . . . . .137

Radieschen-Kresse-Cocktail . . . . . . . . . . .85
Rosmarin-Hörnchen-Konfekt . . . . . . . . . .119
Rosmarin-Würz-Öl . . . . . . . . . . . . . . . . .120

Sahne-Meerrettich . . . . . . . . . . . . . . . . .98
Salat-Dressing mit Estragon . . . . . . . . . . .68
Salbeiblätter in Weinteig gebacken . . . . . . 125

Sauerampfer-Dip . . . . . . . . . . . . . . . . . . 35
Sauerampfer-Omelett . . . . . . . . . . . . . . . 36
Sauerampfer-Suppe . . . . . . . . . . . . . . . . 36
Schäfskäse-Brotaufstrich
mit Bärlauch . . . . . . . . . . . . . . . . . . . . . 12
Schafskäse in Olivenöl
mit Kräutern . . . . . . . . . . . . . . . . . . . . 176
Schnittlauchbutter . . . . . . . . . . . . . . . . . 129
Schnittlauchquark . . . . . . . . . . . . . . . . . 129
Süßdolde-Essig . . . . . . . . . . . . . . . . . . . 132
Suppenwürzpaste mit Liebstöckel . . . . . . . 87

Tomatensalat mit Basilikum
und Melisse . . . . . . . . . . . . . . . . . . . . . . 50
Tomatensalat mit Melisse . . . . . . . . . . . . 103

Vogelmierensalat . . . . . . . . . . . . . . . . . . 39
Vogelmierensuppe . . . . . . . . . . . . . . . . . 39

Wildgemüse-Schinken-Gratin . . . . . . . . . . 43
Wildkräuter-Kartoffelsalat . . . . . . . . . . . . 41
Wildkräuterpizza mit Giersch,
Brennessel und Bärlauch . . . . . . . . . . . . . 40
Wildkräutersalat mit Bulgur . . . . . . . . . . . 41
Würzeier pikant eingelegt . . . . . . . . . . . . 173
Würzessig mit neunerlei Kräutern . . . . . . . 169
Würzpaste aus frischem Basilikum . . . . . . 52

Zwiebelkuchen fränkischer Art . . . . . . . . . 142
Zwiebelsalat mit Äpfeln . . . . . . . . . . . . . 141

**Kräuterschätze zum Kurieren**
**Hausmittel**

Bärlauch-Auszug –
Altes Bergbauern-Rezept . . . . . . . . . . . . . 9
Basilikum-Tee gegen Blähungen . . . . . . . . 49
Beifuß-Aperitif . . . . . . . . . . . . . . . . . . . . 54
Beifuß-Tee . . . . . . . . . . . . . . . . . . . . . . . 54
Bohnenkrauttee . . . . . . . . . . . . . . . . . . . 57
Borretschsirup . . . . . . . . . . . . . . . . . . . . 59
Brennessel-Tee . . . . . . . . . . . . . . . . . . . . 15
Brennesselsamen-Wein
nach Hildegard von Bingen . . . . . . . . . . . 16

Dillsamen-Tee . . . . . . . . . . . . . . . . . . . . 63
Duftsäckchen . . . . . . . . . . . . . . . . . . . . .184

Gänseblümchen-Sirup . . . . . . . . . . . . . . . 21
Gänseblümchentee . . . . . . . . . . . . . . . . . 21

Heißer Holunderbeersaft –
hilfreich gegen Erkältungen . . . . . . . . . . 146
Holunderblüten-Tee . . . . . . . . . . . . . . . 146

Johanniskraut-Blütenöl . . . . . . . . . . . . . 154
Johanniskraut-Tee . . . . . . . . . . . . . . . 152
Johanniskraut-Tinktur . . . . . . . . . . . . . 155

Kerbel-Tee . . . . . . . . . . . . . . . . . . . . 71
Knoblauch-Elixier . . . . . . . . . . . . . . . . 79
Knoblauch-Tinktur . . . . . . . . . . . . . . . 79
Kräuterkissen / Kräutersäckchen . . . . . . 184
Kräuter-Schlafkissen mit Lavendelblüten,
Hopfen und Melisse . . . . . . . . . . . . . . . 158
Kümmel-Milch . . . . . . . . . . . . . . . . . . 75
Kümmel-Tee . . . . . . . . . . . . . . . . . . . 75

Lavendelbad . . . . . . . . . . . . . . . . . . . 157
Lavendelblüten-Hautöl . . . . . . . . . . . . . 158
Lavendelblütentee . . . . . . . . . . . . . . . . 157
Lavendel-Einreibung . . . . . . . . . . . . . . 157
Löwenzahn-Teekur . . . . . . . . . . . . . . . 30

Majoranöl zum Einreiben . . . . . . . . . . . 91
Majoran-Kopfdampfbad . . . . . . . . . . . . 91
Majoran-Tee . . . . . . . . . . . . . . . . . . . 90
Meerrettich-Honig . . . . . . . . . . . . . . . . 97
Meerrettich-Sirup . . . . . . . . . . . . . . . . 97
Melissen-Bad . . . . . . . . . . . . . . . . . . . 102
Melissen-Tee gegen Schlafstörungen . . . . 101
Melissen-Weißdorn-Wein . . . . . . . . . . . 102

Petersilien-Wein – „Herzwein"
nach Hildegard von Bingen . . . . . . . . . . 105
Pfefferminz-Tee . . . . . . . . . . . . . . . . . 109

Ringelblumen-Blütenöl . . . . . . . . . . . . . 162
Ringelblumensalbe –
Kaltauszugverfahren . . . . . . . . . . . . . . 162
Ringelblumen-Tee . . . . . . . . . . . . . . . . 161
Ringelrosenbutter . . . . . . . . . . . . . . . . 163
Rosmarin-Bad . . . . . . . . . . . . . . . . . . 117
Rosmarin-Einreibung . . . . . . . . . . . . . . 118
Rosmarin-Tee . . . . . . . . . . . . . . . . . . 117
Rosmarin-Wein . . . . . . . . . . . . . . . . . 118
Salbeihonig . . . . . . . . . . . . . . . . . . . . 124

Salbei-Mundwasser kräftigt
das Zahnfleisch . . . . . . . . . . . . . . . . . 124
Salbei-Tee gegen Halsschmerzen . . . . . . 123
Schlummertrunk und Schlaftee . . . . . . . 159

Teemischung – sanft beruhigend
gegen Schlafstörungen . . . . . . . . . . . . . 153
Thymian-Bad . . . . . . . . . . . . . . . . . . . 135
Thymian-Husten-Tee . . . . . . . . . . . . . . 136

Vogelmierenpaste . . . . . . . . . . . . . . . . 38

Zwiebelsaft . . . . . . . . . . . . . . . . . . . . 140
Zwiebelsirup . . . . . . . . . . . . . . . . . . . 139
Zwiebelwein . . . . . . . . . . . . . . . . . . . 140

## Bildnachweis

# Notizen

# Notizen